Sofia Rito

SEGREDOS *do* BARALHO
VERA SIBILLA

ALFABETO

Direção Editorial: Edmilson Duran
Produção Editorial: Rackel Accetti
Revisão: Ana Proa
Capa: Paulo Rodrigues
Diagramação: Décio Lopes

DADOS INTERNACIONAIS DE CATALOGAÇÃO NA PUBLICAÇÃO (CIP)

Rito, Sofia

Segredos do Baralho Vera Sibilla / Sofia Rito – 1ª edição – São Paulo: Editora Alfabeto, 2025.
264 p.: il.

Bibliografia
ISBN 978-65-87905-90-7

1. Baralho Sibilla 2. Cartomancia 3. Práticas Adivinhatórias I. Título

CDD: 133.324

Índices para catálogo sistemático:
1. Cartomancia

ALFABETO
www.editoraalfabeto.com.br

EDITORA ALFABETO
Rua Ângela Tomé, 109 - Rudge Ramos | CEP: 09624-070
São Bernardo do Campo/SP | Tel: (11)2351.4168
editorial@editoraalfabeto.com.br

“Existe uma voz que
não usa palavras. Escute.”

Rumi

Sumário

Introdução

Vera Sibilla é um baralho fascinante que nos permite mergulhar no interior de cada ser, revelando sua essência espiritual e nos permitindo percorrer sua trajetória de vida, muitas vezes marcada por momentos de sucesso e conquistas – mas também por fases de profundos aprendizados.

Cada lançamento de cartas reflete tanto as melhores quanto as piores escolhas. O arrependimento, a mágoa e a culpa deixam de fazer sentido – afinal, a vida segue, e cada erro traz consigo um aprendizado que pode fazer diferença no futuro.

Mais do que uma leitura estanque do passado, presente e futuro, as consultas favorecem processos importantes de autorreflexão, com um caráter pedagógico e construtivo, permitindo a realização de escolhas com base no futuro que cada um deseja para si. É, por isso, tão mágica e fascinante essa conexão com o mundo espiritual, que estabelece uma comunicação autêntica entre cada pessoa e seus mentores espirituais.

O baralho Vera Sibilla traz imagens que retratam cenas do cotidiano. Analisar cada carta é como mergulhar em uma história de vida. A interpretação se torna mais intuitiva, pois há uma relação clara entre as experiências reais e as ilustrações, que trazem símbolos familiares e facilmente reconhecíveis.

Na leitura deste baralho, as cartas se comunicam entre si, combinando-se e ampliando suas possibilidades de interpretação. Por isso, neste livro, cada carta apresenta três exemplos de combinações, com sugestões de interpretação.

É importante lembrar que não há uma única forma de interpretar as cartas, pois diversos fatores influenciam o sucesso da leitura. A multiplicidade de interpretações também se estende às cartas invertidas, caso você opte por utilizá-las para aprofundar a leitura. Antes de incluí-las em suas consultas, é importante refletir sobre seu impacto nos lançamentos.

O baralho Vera Sibilla Italiana contém tanto cartas positivas quanto negativas. O uso das cartas invertidas pode aumentar significativamente o número de cartas negativas, muitas vezes superando as positivas. Lembre-se de que o baralho já traz diversos avisos sobre desafios. Este livro apresenta a interpretação das cartas invertidas, mas sua utilização é uma escolha pessoal.

Cada carta deste baralho tem um nome diretamente relacionado ao seu significado. Além disso, as cartas contêm outros elementos importantes, como o naipe, a numeração e os números da sorte.

Nesta obra, você terá a oportunidade de iniciar e aprofundar seus estudos sobre este poderoso baralho. Após aprender um pouco sobre sua história e estrutura, conhecerá os significados de cada uma das 52 cartas. Para facilitar esse aprendizado, além da descrição de cada carta, este livro também apresenta sua associação com diferentes áreas da vida e mais de 156 exemplos de combinações.

As imagens apresentadas aqui são do baralho Vera Sibilla Italiana, mas você pode utilizar qualquer baralho Sibilla tradicional de 52 cartas. Escolha aquele com o qual se sente mais conectado.

A parte final deste livro é dedicada aos lançamentos. Nela, você conhecerá diversos métodos de lançamento e técnicas, e explorará sugestões de interpretação para cada um deles.

Este é o momento de assumir a sua missão de narrar as mais belas histórias de vida. Conecte-se com seus guias espirituais e use um caderno para registrar seus lançamentos e interpretações. Anote todas as suas reflexões e não se esqueça da magia que existe nas entrelinhas. Seja sempre gentil. Observe as manifestações da realidade com o olhar de quem está sempre disponível para aprender – e se encantar ainda mais com estas cartas.

Contexto Histórico

A origem do baralho Vera Sibilla remonta ao ano de 1825, na França, quando foi publicado pela editora B. M. Grimaud e ilustrado pelo artista francês J. J. Grandville, sob o nome La Sybille des Salons. Esse baralho trazia as designações de cada carta e ilustrações semelhantes às do Vera Sibilla atual. No entanto, as cartas não tinham números, naipes ou números da sorte.

O surgimento deste baralho foi uma consequência da popularização do Petit Lenormand, que pode ter servido de inspiração para sua criação, assim como para outros baralhos cartomânticos posteriores. A editora B. M. Grimaud, percebendo o sucesso do Petit Lenormand, viu nele uma oportunidade de expandir seus negócios.

No entanto, o Vera Sibilla não é uma continuação do Petit Lenormand. Os dois baralhos têm um número diferente de cartas e, apesar de algumas correspondências pontuais, suas estruturas são essencialmente distintas. O principal ponto em comum entre eles é a possibilidade de leituras detalhadas e precisas, proporcionando interpretações mais ricas.

O nome Vera Sibilla faz referência às sibilas, sacerdotisas ligadas ao deus Apolo, conhecidas por seus dons de clarividência. Era a elas que as pessoas recorriam em busca de orientação e previsões sobre o futuro.

Após o lançamento do baralho da editora B. M. Grimaud, a Il Meneghello, de Milão, publicou em 1890 o que viria a ser conhecido como o baralho Sibilla tradicional. Esse baralho serviu de base para a criação do Vera Sibilla Della Sophia (2020), com a sua nova versão publicada pela Editora Alfabeto, Vera Sibilla Italiana (2025), desenvolvido por mim e ilustrado por Mitsu.

O baralho da editora Il Meneghello já incluía os naipes e a numeração das cartas, mas ainda não trazia os números da sorte. Esses números foram incorporados posteriormente, atendendo ao gosto do público italiano por jogos de azar.

A editora Dal Negro publicou o baralho Sibilla '800, de Luigi Scapini. As ilustrações eram muito semelhantes às do baralho da Il Meneghello, mas as cartas já incluíam os números da sorte.

À medida que os baralhos Vera Sibilla foram ganhando popularidade, novas versões começaram a surgir. Entre elas, destacou-se a Vera Sibilla Indovina, criada por Valerio Ramponi e publicada por Lo Scarabeo. Esse baralho se distancia ligeiramente da versão tradicional quanto ao significado de algumas cartas, mas introduz novas opções que enriquecem as leituras com significados adicionais. Mais uma vez, o principal ponto em comum com as versões anteriores do baralho é a facilidade com que suas imagens despertam a intuição do cartomante.

Outra versão que merece destaque é a Vera Sibilla della Zingara. Segundo Venturini (2014), trata-se de uma versão criada por Faustino Solesio, em 1935, que foi reimpressa por Peruzzo, em 2005. Suas imagens românticas fazem referência ao estilo Art Nouveu. Esse baralho apresenta diferenças significativas em relação ao Vera Sibilla tradicional, como alterações nos nomes de algumas cartas e mudanças no simbolismo. Além disso, conta com duas versões: uma com as tradicionais 52 cartas e outra reduzida, com 36.

O baralho utilizado nesta obra é o Vera Sibilla Italiana (2025), que se mantém fiel ao baralho Vera Sibilla tradicional. Isso significa que, para aprender a utilizá-lo, você pode optar por essa versão ou qualquer outro baralho Vera Sibilla tradicional de 52 cartas.

Consagração

A consagração do baralho pode ser um ato pessoal, o que significa que não é necessário seguir uma estrutura rígida, especialmente se isso não for confortável para você. Você pode criar seu próprio ritual, escolhendo o momento e o espaço mais adequados, com ou sem a presença de objetos que considere especiais.

É importante lembrar que a consagração não é uma etapa obrigatória para que o baralho funcione. A energia e a fé que você deposita em cada lançamento são os elementos que tornam sua leitura mais mágica e especial.

Se sentir a necessidade de seguir um ritual de consagração, que pode guiá-lo e servir como base para o seu trabalho espiritual, você pode realizar o ritual de conexão descrito a seguir.

Material

- Uma toalha branca
- Cristais: ametista, celestita, selenita, angelita, sodalita, quartzo
- Uma vela branca
- Incenso natural (ex.: sândalo, mirra, alecrim, olíbano, palo santo)
- Um copo com água
- Uma bússola
- Baralho Vera Sibilla Italiana

Modo de fazer

1. Escolha um local onde possa desfrutar de calma e tranquilidade, sem interrupções.
2. Decida se prefere realizar o ritual no chão ou sobre uma mesa.
3. Com o auxílio da bússola, localize o norte geográfico e se posicione de frente para essa direção.
4. Estenda a toalha e disponha os elementos conforme as seguintes instruções e imagem:

- No norte geográfico, posicione o elemento Terra, representado pelos cristais.
- A leste, posicione o elemento Ar, simbolizado pelo incenso.
- Ao sul, disponha o elemento Fogo, representado pela vela.
- A oeste, posicione o elemento Água, simbolizado pelo copo com água.

5. Passe cada carta pela fumaça do incenso, visualizando uma luz branca e brilhante a envolvendo, com a intenção de purificação espiritual.

6. Em seguida, disponha as cartas em formato de leque no centro da mesa, em ordem, viradas para baixo.
7. Coloque as mãos sobre o baralho e diga em voz alta:

   > "Peço aos meus guias espirituais que limpem, energizem e conectem a nossa energia. Que todas as mensagens vindas por meio deles sejam sempre guiadas pelo amor e pela luz, contribuindo para o bem supremo e a evolução espiritual de todos os envolvidos. Assim seja e assim será. Obrigado."

8. Deixe o incenso e a vela queimarem até se consumirem completamente no ambiente.

Ao final, seu baralho estará pronto para ser utilizado. Não é necessário repetir esse ritual no futuro.

Estrutura do Baralho

O baralho Vera Sibilla é composto por 52 cartas com ilustrações fascinantes, que retratam episódios do cotidiano e contam histórias de vida de forma direta e detalhada. É dividido em quatro naipes: Copas, Paus, Espadas e Ouros.

Os quatro naipes e seus significados:

Nome	Elemento	Estação	Aspecto	Descrição
Copas	Água	Primavera	Emocional	Representa os afetos, o lado emocional, os apegos, a família, os relacionamentos, o amor, as paixões, o prazer e a fertilidade.
Paus	Fogo	Verão	Emocional	Simboliza as paixões, a criatividade, o empenho, a aventura, a boa sorte, os eventos importantes, a carreira e a força.
Espadas	Ar	Outono	Mental	Representa a comunicação e os pensamentos, mas, sobretudo, a dor, o sofrimento, as limitações, os inimigos e os bloqueios em geral.
Ouros	Terra	Inverno	Mental	Relaciona-se ao mundo material, às finanças, à concretização dos objetivos, aos negócios e ao trabalho.

Cada um dos quatro naipes é composto por treze cartas, incluindo três figuras:

11 – Valete

12 – Rainha

13 – Rei

Geralmente, essas cartas representam personagens, mas também podem simbolizar acontecimentos por meio de sua simbologia.

As cartas de número 11 identificam pessoas jovens, independentemente de seu gênero. Já as cartas 12 e 13 representam, respectivamente, uma mulher e um homem maduros, geralmente com mais de 30 anos.

Além dessas, outras cartas do baralho Vera Sibilla também podem retratar personagens. Para facilitar a identificação deles, estão categorizados na tabela a seguir, organizados por naipe.

	Copas	**Paus**	**Espadas**	**Ouros**
Personagens	Fidelidade	Amiga	Velha senhora	Criança
	Acadêmico Artista	Serviçal	O Viúvo	Empregada Doméstica
	O Amante	Mulher Jovem	Militar	O Ladrão
	A Amante	Doutor	O Inimigo	Mensageiro
	Grande Senhor		A Inimiga	Mulher casada
			Sacerdote	Mercador

As cartas de Paus e Espadas são classificadas como dominantes, enquanto as de Copas e Ouros são consideradas subordinadas. Esse aspecto é essencial para enriquecer a interpretação, pois as cartas dominantes exercem influência sobre as subordinadas, lhes conferindo maior importância ao serem combinadas com outras.

As cartas de Paus e Copas são vistas como positivas, enquanto as de Espadas são, em sua maioria, consideradas negativas. Já as cartas do naipe de Ouros podem ter tanto significados positivos quanto negativos.

Outro elemento importante do baralho Vera Sibilla são os números da sorte, presentes na maioria das cartas. Acredita-se que essa inclusão esteja ligada ao gosto do povo italiano por jogos de azar.

O nome de cada carta aparece na parte inferior e está diretamente ligado ao seu significado, facilitando uma interpretação mais rápida e eficaz.

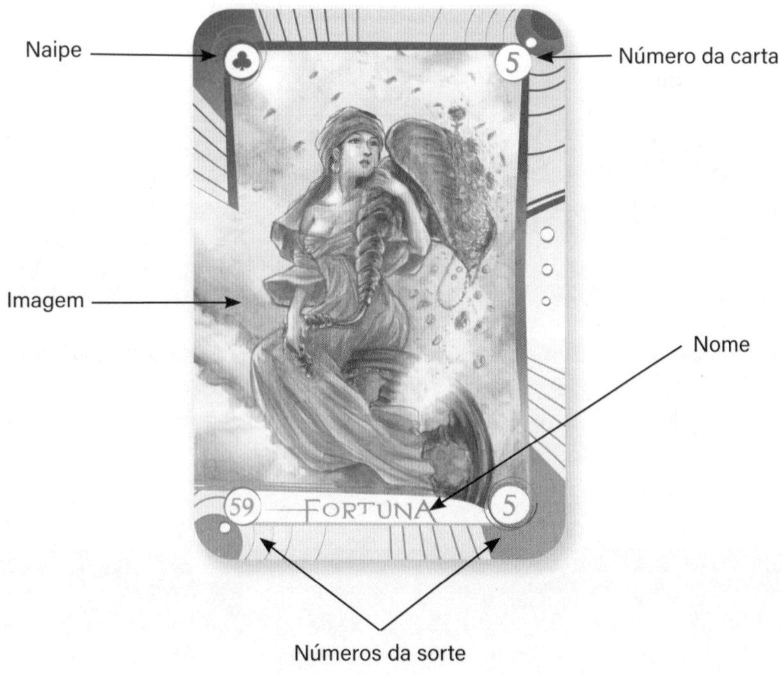

Estudo do Baralho

Naipe de Copas

O naipe de Copas representa o elemento Água e está diretamente relacionado às emoções, ao amor, às paixões, aos sentimentos, à família e aos acontecimentos passados. Como um naipe subordinado, pode ser fortemente influenciado quando combinado com cartas de naipes dominantes.

Seja qual for o tema, há sempre uma ligação com emoções e sentimentos. De modo geral, essas cartas transmitem leveza e positividade, exceto quando elas aparecem invertidas.

1. CONVERSA

A chave para resolver uma questão importante é conversar com as pessoas certas. Em um ambiente íntimo, o apoio, a amizade e a troca de ideias são essenciais para encontrar a melhor solução.

Carta: Ás de Copas
Números da sorte: 39 e 73
Associação planetária: Mercúrio

Palavras-chave: reunião, conversa, interação social, negociação, reconciliação, debate, notícia importante, amizade, cumplicidade, intimista, novidades, encontro, anúncio, comunicação verbal, alegria, serenidade.

Descrição: no interior de uma sala, quatro pessoas conversam em torno de uma mesa redonda. O ambiente transmite conforto e segurança. A porta fechada reforça o caráter íntimo e reservado do momento. Sobre a mesa, há um bule e xícaras de café, sugerindo que a conversa será longa. Ao mesmo tempo, esses elementos remetem ao hábito de tomar café após as refeições. A cumplicidade e a atenção entre as pessoas são evidentes, indicando que a reunião tem um propósito de interesse comum. Os semblantes tranquilos sugerem que o caminho e a solução serão encontrados com serenidade.

Significado geral: esta carta representa uma conversa com um propósito específico, voltada para a discussão de um assunto importante. Também pode indicar convites para eventos ou provas orais em contexto acadêmico. Sinaliza um momento tranquilo e agradável ou até mesmo uma mudança necessária que acontecerá por meio dessa reunião.

Quando **invertida**, *Conversa* perde suas características positivas, dando lugar a desentendimentos, perda de foco, instabilidade e dificuldades para chegar a acordos. Também pode indicar intrigas.

Profissional: o consulente pode participar de uma reunião decisiva, que influenciará diretamente sua situação atual. De modo geral, a carta sugere que uma conversa de natureza sigilosa poderá trazer uma mudança positiva no crescimento profissional do consulente, seja pela resolução de um problema, uma oportunidade de progresso na carreira ou um convite relevante nessa área.

Se a carta estiver **invertida**, pode indicar dificuldades para tomar decisões devido à influência de terceiros. Caso alguma decisão seja tomada, existe o risco de que seja equivocada e traga consequências negativas.

Financeiro: *Conversa* indica negócios de natureza sigilosa, remetendo a um aspecto secreto. Pode anunciar novos contatos, propostas favoráveis de contratos, discussões e planos de negócios, além de um possível aumento da clientela.

A carta **invertida**, no entanto, indica dificuldades na realização de negócios e pode também sinalizar a perda de clientes.

Amor: em um relacionamento, a comunicação e a compreensão são aspectos positivos para seu desenvolvimento. É fundamental que haja sinceridade nas palavras e nos sentimentos para que o relacionamento evolua de forma positiva. Se o casal estiver enfrentado momentos de instabilidade, esta carta anuncia uma mudança positiva com base no entendimento mútuo.

Se a carta estiver **invertida**, podem ocorrer desentendimentos sérios, dificuldades na comunicação e até mesmo o risco de separação.

Caso o consulente esteja solteiro, *Conversa* sugere a possibilidade de um novo amor. Nesse relacionamento, a comunicação desempenhará um papel central. No entanto, esse relacionamento pode começar de forma secreta.

Saúde: relaciona-se à garganta, à boca, às cordas vocais e aos ouvidos. Caso o consulente esteja preocupado com algum problema de saúde, esta carta sugere que ele busque uma segunda opinião.

Características pessoais: pessoa comunicativa, extrovertida e que valoriza a vida social.

Polaridade: neutra.

Combinações

A carta *Conversa* está relacionada a diálogos que envolvem mais de uma pessoa. Por ser uma carta neutra, seu significado depende das cartas ao seu redor, que ajudarão a esclarecer o teor da conversa.

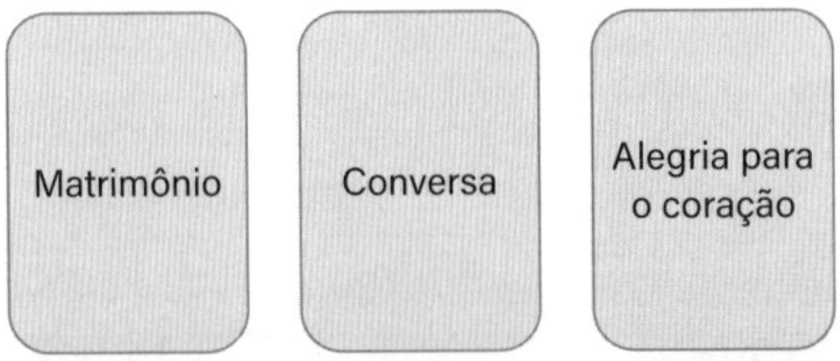

Proposta de interpretação: a carta *Conversa* pode revelar o processo de preparação para um casamento (*Matrimônio* + *Alegria para o coração*).

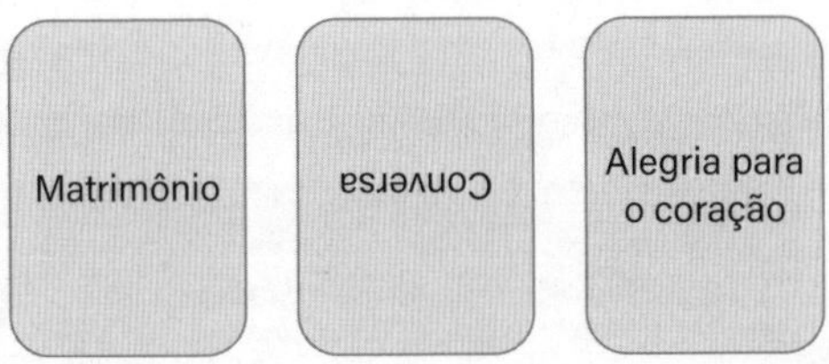

Proposta de interpretação: nesse segundo exemplo, a carta *Conversa* está invertida, sugerindo que os preparativos para o casamento estão sendo marcados por desentendimentos e falta de acordo.

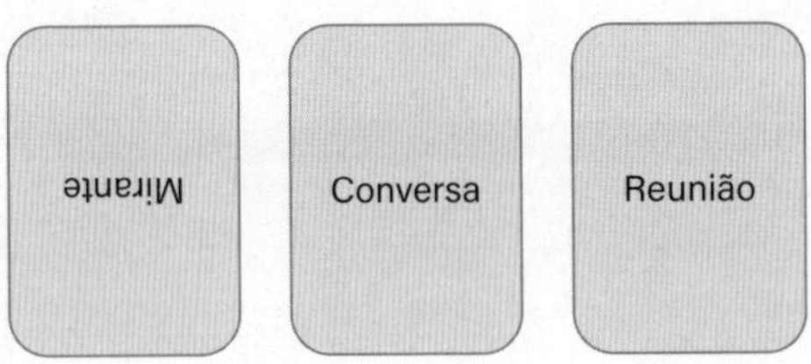

Proposta de interpretação: após um período de espera (*Mirante* invertida), enfim surge a oportunidade para uma conversa importante (*Conversa*), que poderá levar à resolução de um problema ou a uma reconciliação (*Reunião*).

2. CASA

Sua casa é seu lar, e sua família, sua estabilidade.
Preserve-a e seja grato por ela e pelos ensinamentos que contribuíram para que você se tornasse a pessoa que é hoje.

Carta: 2 de Copas
Números da sorte: 62 e 22
Associação luminar: Lua

Palavras-chave: casa, lar, estabilidade, equilíbrio, segurança, solidez, família, construção, rotina, harmonia, conforto, reconciliação, consolo, solidez, genealogia.

Descrição: a imagem retrata uma casa inspirada no estilo arquitetônico italiano do final do século XIX, que transmite beleza, conforto e estabilidade. Trata-se de uma construção capaz de abrigar uma família grande. Uma longa escadaria reforça a ideia de proteção, resguardando a família em um local mais alto e protegido. Os espaços naturais ao redor da casa, marcados por fontes de água, nos transportam para um local calmo e harmonioso. As fontes falam das emoções, e o contato com a natureza proporciona o reequilíbrio necessário. O céu está limpo, sugerindo um dia de primavera ou verão.

Significado geral: esta carta pode representar a residência do consulente, bem como qualquer outra propriedade residencial. Além disso, também pode se referir à família e às várias dinâmicas cotidianas de seus membros. *Casa* é facilmente influenciada por outras cartas.

Ela reflete uma fase de harmonia, reconciliação e paz. Representa o "ninho" que nos protege das dificuldades e do mundo exterior e assegura que, independentemente dos desafios, tudo seguirá o seu curso natural com serenidade.

Se estiver **invertida**, a carta *Casa* perde o seu lado confortável e se torna um ambiente hostil, onde o consulente se sente ansioso e instável. A família ao seu redor não o protege; pelo contrário, pode desprezá-lo ou agredi-lo de alguma forma, e isso pode resultar em uma separação.

Profissional: sugere estabilidade e segurança nessa área da vida. Caso o consulente esteja em uma situação de trabalho precária, há a possibilidade de conquistar um contrato mais favorável, o que proporcionará mais estabilidade. Esta carta também pode revelar negócios relacionados a investimentos imobiliários. As cartas seguintes podem trazer informações importantes sobre o desfecho desses negócios.

Se **invertida**, a carta indica que o consulente pode estar enfrentando instabilidade e vulnerabilidade em sua vida profissional. Nesse caso, negócios e novos projetos devem ser evitados, pois podem trazer consequências negativas.

Financeiro: a carta *Casa* revela a realização de negócios imobiliários, negociações no âmbito familiar ou negócios de família. Também pode sugerir a compra de um imóvel.

A carta **invertida** alerta que o consulente deve evitar ou ser cauteloso quanto a negócios, para evitar prejuízos graves. Além disso, a família pode estar passando por uma fase de grande instabilidade financeira.

Amor: *Casa* indica um relacionamento estável e seguro. A energia familiar está presente de forma intensa, o que pode resultar em uma dinâmica marcada por rotinas compartilhadas. Trata-se de uma relação sólida, já de conhecimento público. Além disso, pode surgir uma oportunidade de investimento em um imóvel que, no futuro, se tornará o lar da família.

Se a relação passou por momentos de instabilidade, esta carta pode anunciar o processo de reconciliação.

Caso o consulente esteja solteiro, a carta sugere que o seu comportamento caseiro e voltado à família pode estar dificultando a abertura para novos relacionamentos.

A carta **invertida** indica que o consulente passará por uma fase de instabilidade, que pode até mesmo resultar em separação ou divórcio. Se o consulente estiver solteiro, a carta *Casa* sugere que ele se sente solitário e seguirá assim.

Saúde: o corpo de modo geral.

Características pessoais: pessoa estável, segura, teimosa, tradicional e focada na família.

Polaridade: neutra.

Combinações

Casa é uma carta neutra, cuja interpretação depende das cartas ao seu redor. Embora possa representar estabilidade, está ligada principalmente a questões relacionadas ao lar, a imóveis e à família. As cartas que a acompanham fornecerão mais detalhes sobre esses aspectos.

Proposta de interpretação: invasão ou roubo à residência do consulente.

Proposta de interpretação: dificuldades de entendimento entre a família (*Reunião* invertida + *Casa* invertida) levam a uma ruptura (*Morte*).

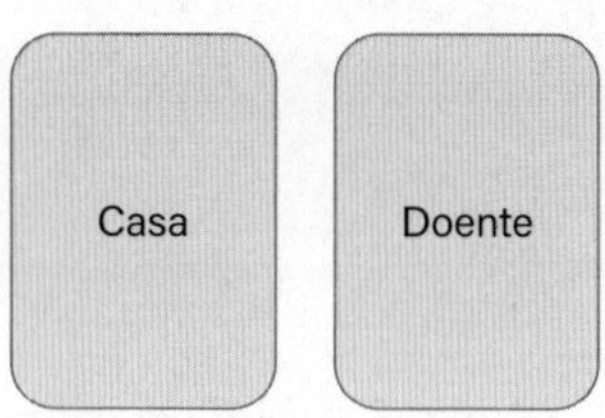

Proposta de interpretação: hospital.

3. MIRANTE

O que lhe parece longe vai chegar mais depressa do que imagina. Sossegue o seu coração e encontre a paz interior.

Carta: 3 de Copas
Números da sorte: 76 e 34
Associação planetária: Mercúrio

Palavras-chave: novidades, chegada de algo, surpresas, espera, ansiedade, impaciência, convite à introspeção.

Descrição: na varanda de uma casa, rodeada por uma bela paisagem natural, uma mulher olha através de um telescópio invertido. A inversão do telescópio indica que, na realidade, a mulher não está observando algo distante – o acontecimento que ela deseja virá até ela, independentemente da sua observação. O céu azul com poucas nuvens revela a neutralidade da carta, pois a mulher pode estar ansiosa ou preocupada com a chegada de boas notícias.

Significado geral: esta carta anuncia a chegada de algo que o consulente espera com ansiedade. Por meio da análise das cartas seguintes e da direção do telescópio, é possível entender se as notícias serão positivas ou negativas.

Pela postura da mulher ao observar o telescópio, percebemos sua atitude ansiosa e impaciente em relação ao futuro. Assim, esta carta também aconselha o desenvolvimento da sabedoria de viver o presente, aproveitando os momentos de introspeção.

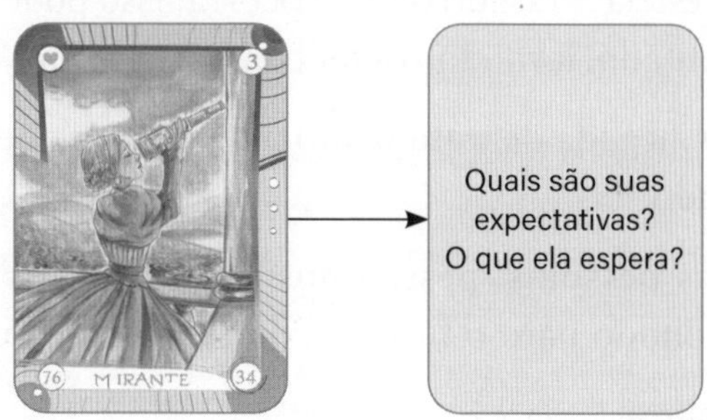

Esta carta é neutra e, por isso, altamente influenciável.

Caso esteja **invertida**, indica atrasos ou até o cancelamento da chegada de algo que o consulente aguardava. Aconselha a cultivar a paciência e a aceitação.

Profissional: um acontecimento está prestes a ocorrer em um curto espaço de tempo. O consulente pode se sentir ansioso pela sua chegada. No entanto, a fase é de espera, e não há nada que possa ser feito para acelerar o processo. Somente a análise das outras cartas poderá determinar se o acontecimento ou a notícia é positivo ou negativo.

Se estiver **invertida**, *Mirante* pode indicar que o acontecimento aguardado pelo consulente está atrasado ou pode até não ocorrer.

Financeiro: esta carta pode indicar a chegada de um negócio ou de um pagamento. Alguma notícia relacionada ao aspecto financeiro está prestes a chegar, o que faz com que o consulente se sinta ansioso. No entanto, nada pode ser feito para acelerar ou interromper o processo.

Caso esteja **invertida**, a carta indica que o acontecimento aguardado pelo consulente pode estar atrasado ou pode simplesmente não acontecer.

Amor: caso tenha havido uma ruptura em um relacionamento, esta carta indica o retorno da pessoa que se afastou. Anuncia uma mudança positiva com base na comunicação.

Se o consulente estiver solteiro, esta carta indica que alguém do seu passado pode retornar.

Se a carta *Mirante* estiver **invertida**, é possível que o retorno da pessoa amada esteja atrasado ou não ocorra. Isso pode deixar o consulente desorientado, levando-o a ter comportamentos desajustados.

Saúde: olhos. Chegada de tratamento para algo de que o consulente esteja padecendo.

Características pessoais: pessoa ansiosa e preocupada e com o pensamento voltado para o futuro. Pode ser um visionário.

Polaridade: neutra.

Combinações

Mirante é uma carta neutra, influenciada principalmente pelas cartas que se encontram à sua direita, as quais revelam o motivo da sua espera.

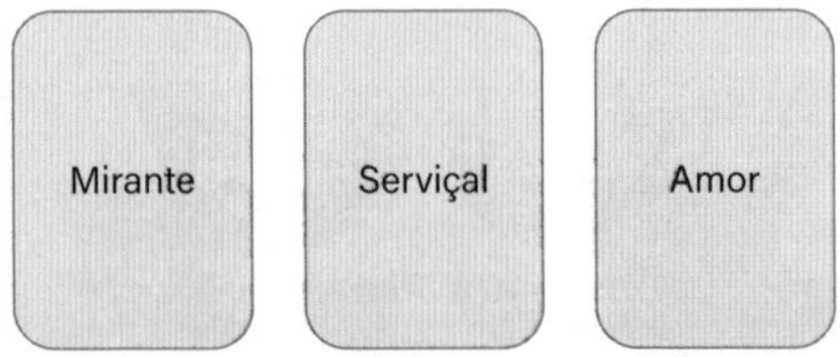

Proposta de interpretação: chegada aguardada (*Mirante*) de um homem jovem (*Serviçal*) pelo qual a consulente está apaixonada (*Amor*).

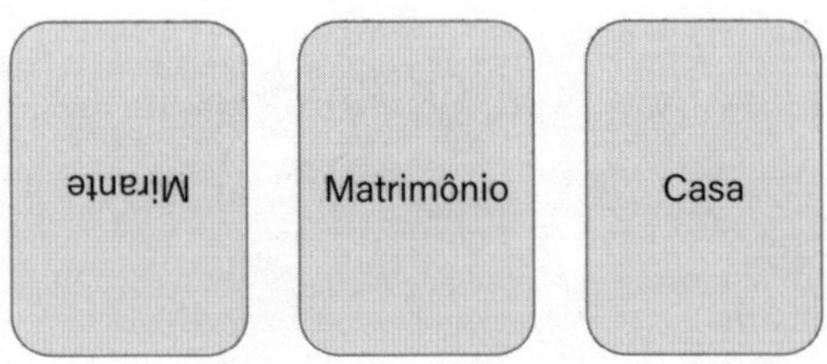

Proposta de interpretação: atraso (*Mirante* invertida) na escritura de um imóvel (*Matrimônio* + *Casa*).

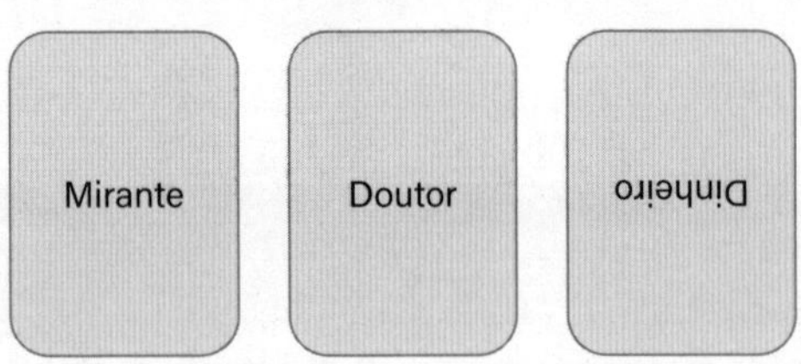

Proposta de interpretação: espera pela chegada (*Mirante*) de um especialista (*Doutor*) para auxiliar na resolução de um problema financeiro (*Dinheiro* invertido).

4. AMOR

O Cupido voa pelo céu.
De nada adiantará fugir, pois sua flecha
é certeira e promete despertar emoções intensas.

Carta: 4 de Copas
Números da sorte: 84 e 45
Associação planetária: Vênus

Palavras-chave: amor, romance, namoro, felicidade, sensibilidade, pertencimento, paz, paixão, amor à primeira vista, casamento, nascimento, afeto.

Descrição: o anjo Cupido, filho de Vênus e Marte, está sobre uma nuvem, dominando quase toda a imagem. Ele deixa para trás uma cidade, movendo-se com o objetivo de espalhar amor e paixão. Assim como não pode escapar de seu passado, pois faz parte de sua essência, a pessoa atingida pela flecha também não pode fugir de seus sentimentos.

A ponta da flecha traz um coração, reforçando a energia do amor presente na carta, enquanto a venda nos olhos simboliza que o amor é cego.

Significado geral: esta é a carta mais romântica do baralho. Anuncia sentimentos de amor e pode indicar o início de um relacionamento, um casamento, um nascimento, o reacender da chama da paixão ou, simplesmente, revelar sentimentos profundos e sinceros de amor entre duas pessoas. De modo geral, indica uma fase positiva e harmoniosa.

Caso a carta esteja **invertida**, seu significado clássico indica homossexualidade. Além disso, outros significados, associados a diferentes áreas da vida, se transformam, substituindo a ideia de harmonia e paz por falsas expectativas, amor não correspondido, infidelidade, sentimentos que fogem à racionalidade, instabilidade e desarmonia.

Profissional: o consulente está satisfeito com sua atividade profissional. Podem surgir novas parcerias e oportunidades.

Uma nova paixão pode aparecer no ambiente profissional.

Caso esteja **invertida**, a carta *Amor* pode indicar insatisfação, instabilidade e irritabilidade no ambiente profissional. Além disso, alguém com intenções pouco sérias pode tentar se aproximar do consulente para um envolvimento amoroso.

Financeiro: a carta prevê o surgimento de novas parcerias de negócio e uma fase de estabilidade.

Se **invertida**, indica dificuldade com relação às parcerias, além de possíveis traições e jogos de poder que podem prejudicar o consulente.

Amor: se o consulente estiver em um relacionamento, a carta *Amor* sugere o reacender da paixão, fortalecendo os sentimentos e intensificando a proximidade e a cumplicidade do casal.

Caso o consulente esteja solteiro, a carta *Amor* indica uma nova paixão, com sentimentos sinceros.

Se estiver **invertida**, pode indicar infidelidade, perda de confiança, conflitos e até mesmo separação. Caso o consulente esteja solteiro, *Amor* indica a possibilidade de envolvimentos sexuais sem compromisso, desorientação emocional, amor não correspondido e aproximação de pessoas comprometidas. Como consequência, sua autoestima pode ser afetada negativamente.

Saúde: aparelho reprodutor e olhos.

Características pessoais: pessoa sensível, adorável, amigável, ingênua e honesta.

Polaridade: positiva.

Combinações

Amor é uma carta positiva, que representa sentimentos harmoniosos e sinceros, além de vínculos amorosos.

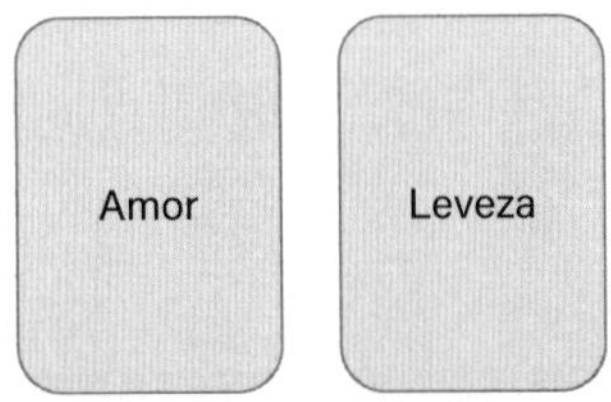

Proposta de interpretação: a carta *Amor* simboliza sentimentos afetivos por alguém. No entanto, combinada com a carta *Leveza*, que reduz a intensidade desses sentimentos, podemos estar diante de uma amizade colorida ou um relacionamento sem compromisso.

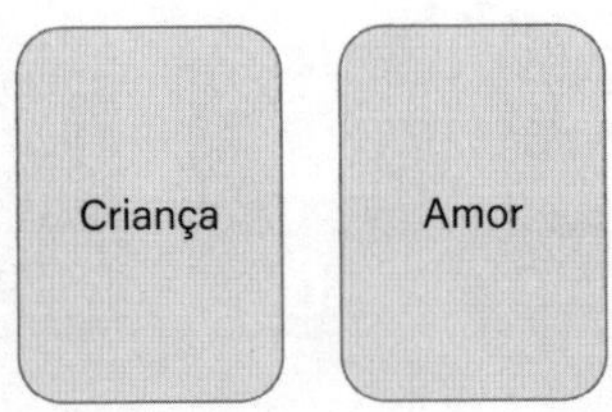

Proposta de interpretação: novo amor.

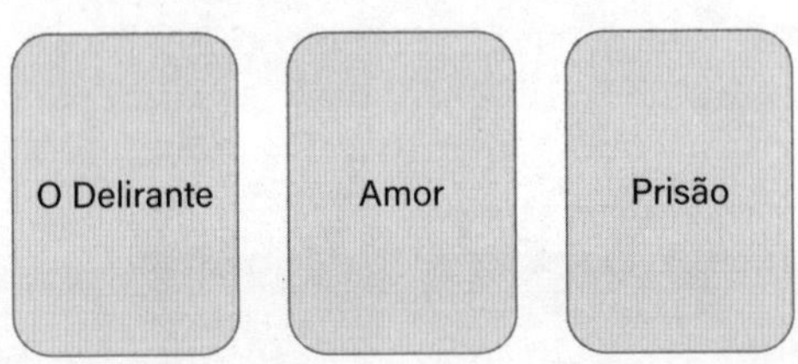

Proposta de interpretação: amor tóxico (*O Delirante* + *Amor*), que gera dependência (*Prisão*).

5. ALEGRIA PARA O CORAÇÃO

Uma boa notícia está a caminho – é tempo de celebrar! Aproveite para nutrir sua alma com momentos de pura felicidade. Compartilhe essa alegria com as pessoas que mais ama.

Carta: 5 de Copas
Números da sorte: 83 e 42
Associação planetária: Vênus

Palavras-chave: consolo, noivado, celebração, compromisso, felicidade, alegria, lealdade, diversão, comemorações, satisfação, boas notícias.

Descrição: em um salão de festas, dois homens e uma mulher estão dançando. Todos estão vestidos de forma elegante e festiva, transmitindo um clima de celebração, alegria e descontração.

A mulher tem no cabelo uma tiara de prata, originária da região da Lombardia, comumente utilizada no século XIX. Na época, esse acessório era tradicionalmente usado por mulheres de classes mais baixas em seus casamentos, tornando-se, assim, um símbolo do matrimônio. O número de adornos na tiara deveria corresponder à idade da noiva, ser sempre ímpar e não exceder 57.

Para reforçar o simbolismo do matrimônio, a tiara é decorada com flores de laranjeira, que representam pureza, castidade e fertilidade. No pescoço da mulher, um colar com um pingente de coração intensifica a energia romântica desta carta.

Significado geral: esta carta revela momentos de alegria e felicidade. Indica boas notícias, como um pedido de casamento, uma celebração, um evento, uma festa ou a concretização de parcerias promissoras.

Caso esteja **invertida,** *Alegria para o Coração* indica um período de instabilidade, estresse e insegurança. Projetos podem não se concretizar e momentos de alegria podem dar lugar à tristeza.

Profissional: esta carta anuncia um período de sucesso, com novos projetos, parcerias vantajosas, incentivos por produtividade, promoções e reconhecimento.

Se estiver **invertida,** indica que os projetos não se concretizarão ou levarão mais tempo do que se imagina para se realizar, podendo haver diversos contratempos.

Financeiro: o consulente pode contar com estabilidade e segurança nessa área. Além disso, os negócios estão favorecidos e podem surgir investimentos lucrativos.

Se estiver **invertida**, *Alegria para o Coração* pode indicar bloqueios que atrapalham o sucesso de negócios, tornando os investimentos arriscados. Aconselha-se prudência, pois há risco de instabilidade financeira.

Amor: se o consulente estiver em um relacionamento, a carta indica uma fase de alegria e satisfação. Caso tenha passado por um período de afastamento, esta carta representa uma reconciliação com seu parceiro. É o momento de nutrir e fortalecer os sentimentos. Pode haver um pedido de casamento.

Se o consulente estiver solteiro, a carta indica que ele pode conhecer alguém ou iniciar um relacionamento.

Na carta **invertida**, *Alegria para o Coração* sugere que um relacionamento pode passar por uma fase de instabilidade devido à interferência de uma terceira pessoa. Também pode indicar uma relação aberta. Caso o consulente esteja solteiro, essa carta simboliza solidão, instabilidade emocional e baixa autoestima.

Saúde: esta carta representa a recuperação de um estado de saúde fragilizado e um sistema imunológico fortalecido.

Características pessoais: pessoa simpática, amigável, flexível e popular.
Polaridade: positiva.

Combinações

Alegria para o Coração é uma carta positiva quando está na posição correta. Ela indica momentos felizes e celebrações.

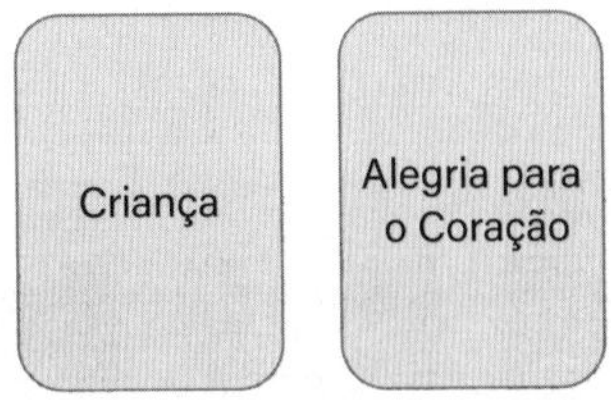

Proposta de interpretação: pode revelar um nascimento ou o início de um projeto promissor.

Proposta de interpretação: em um relacionamento, a presença de uma rival (*Alegria para o Coração* invertida + *A Inimiga*) indica que essa pessoa deseja assumir o lugar da consulente (*O Ladrão*), que ainda não reconhece a ameaça representada por essa inimiga desconhecida (*A Inimiga*).

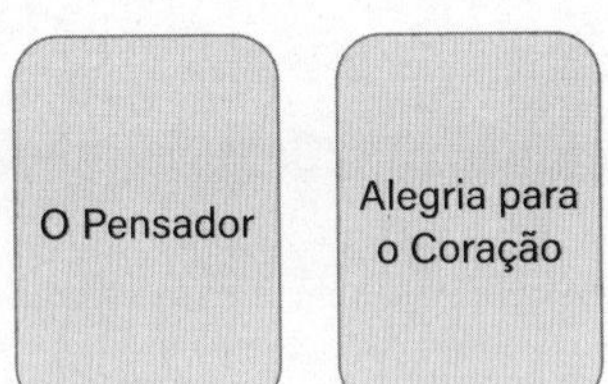

Proposta de interpretação: pensamentos sobre momentos felizes.

6. DINHEIRO

A abundância faz parte da vida e traz, inevitavelmente, alegria e satisfação, pois permite uma vida confortável, alinhada ao que você merece. Este é o momento de colher os frutos.

Carta: 6 de Copas
Números da sorte: 49 e 30
Associação planetária: Júpiter

Palavras-chave: dinheiro, negócios, união, vantagem, abundância, investimentos, prosperidade, passado, abundância, segurança, ofertas.

Descrição: no interior de uma casa, há um cofre antigo e robusto, com várias trancas. Sua aparência remete ao passado, sugerindo algo guardado e protegido há muito tempo. As trancas e fechaduras simbolizam a necessidade de segurança, reforçando a ideia de proteção. Trata-se de uma caixa-forte, onde estão guardados objetos de valor. Uma porta aberta revela seu conteúdo: joias, sacos com dinheiro e documentos importantes.

Significado geral: a energia do dinheiro está presente nesta carta, simbolizando heranças, investimentos, sucesso, prosperidade e prêmios.

Se estiver **invertida**, sugere que a energia da boa fortuna dá lugar à instabilidade, trazendo sentimento de insegurança, perdas financeiras, dívidas e despesas inesperadas. Independentemente do objetivo do consulente, será preciso um esforço extra para alcançá-lo.

Profissional: esta carta representa segurança e estabilidade nessa área da vida, o que pode representar aumento salarial, incentivos por produtividade e progressão na carreira. Também sugere boas oportunidades de negócios e crescimento profissional.

Se estiver **invertida**, indica perda de estabilidade, remuneração inadequada e projetos que não atingem seus objetivos. Negócios devem ser evitados, pois há risco de prejuízos.

Financeiro: a carta anuncia o favorecimento de negócios e investimentos que podem gerar retornos financeiros positivos. Caso o consulente esteja passando por uma fase mais difícil, *Dinheiro* sugere uma mudança positiva.

Esta carta revela que o consulente tem o poder de criar riqueza na sua vida, sempre como fruto do seu esforço e de uma gestão eficaz de suas economias.

Se estiver **invertida**, sugere negócios arriscados e dificuldades para realizar investimentos e obter retornos financeiros. O consulente pode enfrentar um período de grande instabilidade financeira.

Amor: em um relacionamento, a carta *Dinheiro* representa segurança e estabilidade, mas também pode indicar que a segurança material é o principal alicerce da relação. Além disso, pode apontar para a possibilidade de um investimento financeiro compartilhado.

Caso o consulente esteja solteiro, a carta pode sugerir o início de um novo relacionamento, mas com motivações financeiras predominantes.

Quando **invertida**, revela um período de crise no relacionamento, possivelmente causado por problemas financeiros. Se o consulente estiver solteiro, sua baixa autoestima e autoimagem negativa podem estar dificultando sua vida amorosa.

Saúde: necessidade de praticar exercícios físicos.

Características pessoais: pessoa fria, calculista e materialista.

Polaridade: positiva.

Combinações

Dinheiro é uma carta positiva, especialmente quando aparece na posição original. De modo geral, seus principais temas incluem dinheiro, prosperidade, riqueza e passado.

Proposta de interpretação: dívida (*Dinheiro* + *Prisão*), que gera ansiedade e preocupação, mas que representa um caminho inevitável a seguir (*Suspiros*).

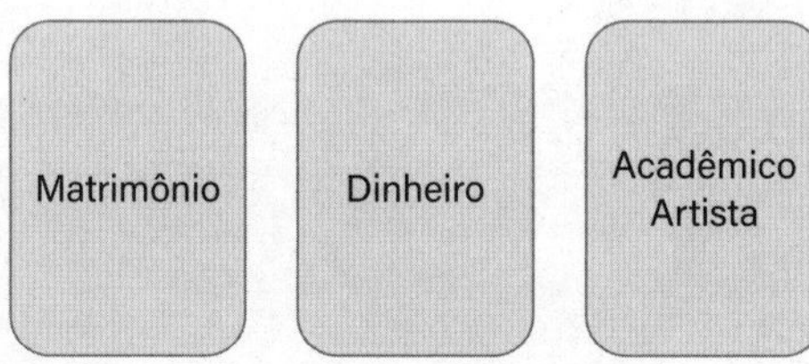

Proposta de interpretação: contrato (*Matrimônio* + *Dinheiro*) para uma obra literária (*Acadêmico Artista*).

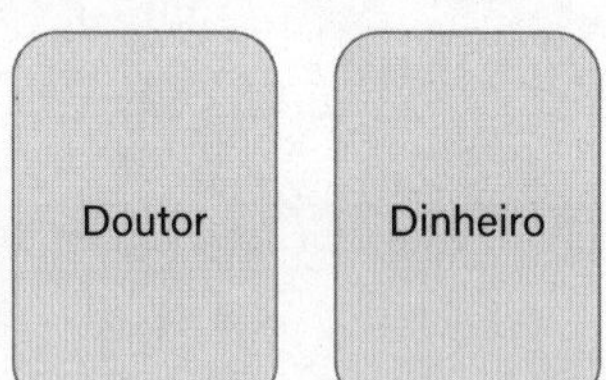

Proposta de interpretação: contador ou especialista na área financeira.

7. ACADÊMICO ARTISTA

Um projeto ou uma ideia está prestes a tomar forma, mas isso exige estudo, introspecção e dedicação. Tenha paciência e lembre-se: a pressa é inimiga da perfeição.

Carta: 7 de Copas
Números da sorte: 67 e 10
Associação planetária: Mercúrio

Palavras-chave: estudo, pensamentos, introspecção, reflexão, investigação, pesquisa, estratégia, inteligência, intelecto, cultura, lei, ciência, criatividade, arte, informação, aprendizagem, estudo, documentos escritos, reconhecimento.

Descrição: em uma sala, um homem está sentado diante de uma escrivaninha, segurando uma pena na mão esquerda, como se estivesse prestes a escrever em um caderno. A mão esquerda simboliza o seu lado mais criativo, emocional e sensível, enquanto a luva vermelha revela um impulso para a ação. Sobre a escrivaninha, há livros que refletem seu empenho no estudo e na pesquisa, além de troféus e medalhas, que simbolizam momentos de vitória. À sua direita, uma tela com uma pintura acrescenta à carta uma energia criativa e artística.

Em algumas edições do baralho Vera Sibilla, esta carta recebe o nome de "Artista". No entanto, considero essa designação um tanto limitada, pois não abrange toda a riqueza de significados que ela carrega.

Significado geral: *Acadêmico Artista* anuncia um período de estudo, pesquisa, crescimento pessoal e, em alguns casos, a escrita de livros ou a realização de cursos e formações.

Esta carta também pode representar um homem na faixa de 40 a 55 anos com quem o consulente tem uma relação próxima. Ele é inteligente, maduro, tem gosto pelo estudo e costuma ter uma postura discreta. Pode ser um namorado, companheiro, alguém solteiro ou divorciado.

No âmbito profissional, a carta está associada tanto à área legal quanto à criativa.

Se estiver **invertida**, pode representar uma pessoa próxima, dissimulada e calculista, que talvez esteja arquitetando um plano para prejudicar o consulente. Também sugere projetos e planos mal definidos e mal estruturados. No aspecto criativo, a carta invertida aponta para perda de inspiração e dificuldade de se concentrar no que é realmente importante.

Profissional: *Acadêmico Artista* representa uma atividade intelectual, voltada para pesquisa e análise. Novos projetos podem surgir de forma bem estruturada e planejada.

Esta carta também simboliza reconhecimento, valorização e boas surpresas, além de indicar a proximidade de uma pessoa competente, inteligente e confiável.

Se estiver **invertida**, adverte sobre a necessidade de mais concentração e cautela ao lidar com documentos escritos e na estruturação de projetos, que podem conter erros. Além disso, o consulente deve ficar atento às pessoas ao seu redor, pois alguém pode estar tentando prejudicá-lo de forma dissimulada.

Financeiro: novos negócios e oportunidades podem surgir, exigindo um período de reflexão e análise. Esses projetos estão sendo conduzidos com competência, mas devem ser cuidadosamente ponderados.

Se o consulente estiver passando por dificuldades financeiras, esta carta sugere a criação de uma estratégia para reverter a situação da melhor forma possível. Buscar a orientação de um especialista pode ser uma alternativa valiosa.

A carta *Acadêmico Artista* **invertida** chama a atenção para a necessidade de cautela na realização de negócios, a fim de evitar enganos e prejuízos. Além disso, podem ocorrer atrasos relacionados a documentos e autorizações.

Amor: se o consulente está em um relacionamento, esta carta revela frieza, distanciamento e dificuldade em expressar sentimentos. Ele pode estar refletindo sobre como se aproximar do parceiro ou melhorar a relação.

Caso o consulente esteja solteiro, *Acadêmico Artista* sugere que ele traçará um plano para conquistar o coração de alguém.

Quando **invertida**, a carta pode indicar que um relacionamento está se perdendo devido à frieza emocional. Se o consulente estiver solteiro, aponta para um período de desorientação, que pode levar a envolvimentos sexuais descompromissados e até mesmo ao risco de contaminação por doenças sexualmente transmissíveis.

Saúde: fragilidades no sistema nervoso.

Características pessoais: pessoa intelectual, introvertida, calculista e solitária.

Polaridade: neutra.

Combinações

Acadêmico Artista é uma carta neutra, cuja interpretação pode ser positiva ou negativa, dependendo das cartas ao seu redor. Ela está relacionada, principalmente, ao estudo, ao intelecto e à produção artística.

Proposta de interpretação: obra plagiada.

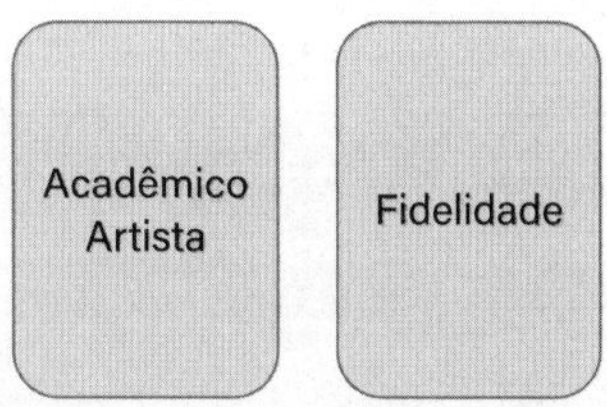

Proposta de interpretação: amigo culto.

Proposta de interpretação: médico com pouco preparo (*Acadêmico Artista* invertido + *Doutor* invertido), o que compromete a sua capacidade de ajudar efetivamente uma pessoa doente.

8. ESPERANÇA

Seu caminho será vitorioso.
Por mais difícil que tenha sido a jornada,
seus desejos se concretizarão e você terá a paz que deseja.

Carta: 8 de Copas
Números da sorte: 77 e 8
Associação planetária: Netuno

Palavras-chave: esperança, fé, alívio, serenidade, tranquilidade, resolução de problemas, meditação, introspecção, viagem, fim de um período conturbado.

Descrição: uma mulher está sentada, segurando uma âncora. Seu semblante expressa cansaço, mas também a sensação de missão cumprida e paz, após um período difícil que agora pertence ao passado. A âncora simboliza a estabilidade que ela finalmente alcançou, como se tivesse encontrado seu porto seguro. A água, à sua esquerda, representa suas emoções.

No céu, o Leão de São Marcos, símbolo da República de Veneza, evoca o domínio dos venezianos sobre os rios e mares. Assim como eles conquistaram essa glória, essa mulher também alcançou o controle sobre a sua própria vida.

Significado geral: esta carta indica que, independentemente do processo, o desfecho será positivo. Ela representa paz e serenidade, transmitindo a mensagem de que, por maiores que tenham sido as dificuldades do passado, agora há motivos para otimismo.

Esperança simboliza uma forte conexão espiritual, aconselhando o consulente a fortalecer sua fé e desenvolver sua espiritualidade. Também incentiva a meditação, o autoconhecimento e a conexão com seus guias espirituais.

O elemento água está presente nesta carta, sugerindo a possibilidade de viagens de lazer relacionadas à água, como cruzeiros, passeios de barco ou até viagens para destinos de praia.

Se estiver **invertida**, esta carta sugere perda de esperança, falta de confiança e otimismo e instabilidade emocional. Além disso, podem ocorrer retrocessos nos progressos alcançados.

Profissional: a carta *Esperança* anuncia uma fase de harmonia e otimismo, trazendo perspectivas positivas para o presente e o futuro. Projetos profissionais têm grande potencial de sucesso, especialmente se houver envolvimento emocional. Manter uma postura otimista será essencial para o sucesso neste momento.

Se estiver **invertida**, sugere que os projetos podem não ter um desfecho positivo, levando a um sentimento de desmotivação nessa área da vida. O consulente pode sentir que não há possibilidades de progresso.

Financeiro: esta carta anuncia uma fase de estabilidade. Os negócios tendem a ter um desfecho positivo, e é possível que haja um certo envolvimento emocional.

Se estiver **invertida,** indica perdas financeiras, provavelmente causadas por negócios que não se concretizam. Este não é um bom momento para investimentos.

Amor: se o consulente está em um relacionamento e houve um afastamento, esta carta anuncia um período de reconciliação. Independentemente do passado, sugere melhorias e mais harmonia entre o casal. Uma fase conturbada pode estar em processo de cura.

Caso o consulente esteja solteiro, esta carta indica um período de reconstrução, no qual será necessário voltar a acreditar no amor. Se mantiver uma postura otimista, abrindo-se para novas possibilidades, curando as mágoas do passado e praticando o perdão, um novo amor poderá surgir. Além disso, uma forte atração sexual por alguém também pode se manifestar.

Quando **invertida**, alerta para sentimentos falsos e expectativas frustradas em um relacionamento. Se o consulente estiver solteiro, a carta pode anunciar o início de um relacionamento passageiro, como um amor de verão.

Saúde: possível fragilidade no sistema urinário, mas a tendência é de melhora.

Características pessoais: pessoa otimista, prestativa e encorajadora.

Polaridade: positiva.

Combinações

Esperança é uma carta positiva, que marca o fim de um período conturbado. Quando está em sua posição original, mais do que ser influenciada por outras cartas, simboliza a luz que ilumina o caminho.

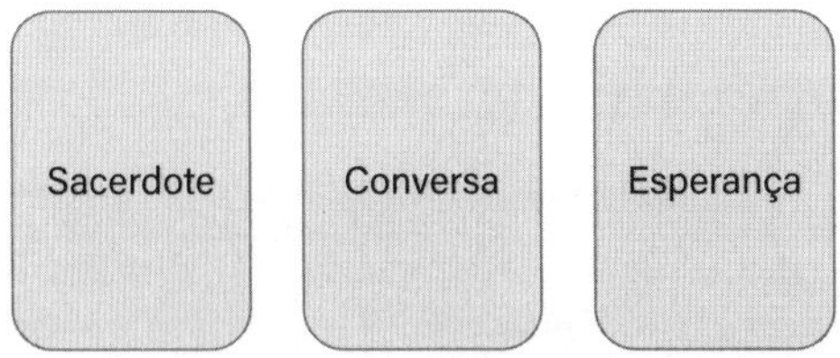

Proposta de interpretação: vitória em um processo judicial. A carta *Sacerdote* indica um período tenso relacionado à justiça. A carta seguinte, *Conversa*, sugere que há espaço para uma resolução por meio de um diálogo, que envolve mais de uma pessoa. Por fim, a carta *Esperança* representa a resolução do problema e o retorno da paz e da tranquilidade.

Proposta de interpretação: viagem para uma região litorânea.

Proposta de interpretação: a carta *Tristeza* indica o recebimento de uma má notícia, resultando na total perda da esperança em uma resolução favorável (*Esperança* invertida).

9. FIDELIDADE

Você tem o apoio incondicional de um amigo, que está pronto para ajudar no que for necessário. Não se preocupe, você não está sozinho.

Carta: 9 de Copas
Números da sorte: 88 e 37
Associação luminar: Lua

Palavras-chave: amizade, lealdade, honestidade, sinceridade, apoio, afeto, proteção, verdade, sucesso.

Descrição: em um cenário campestre, um pastor alemão observa atentamente seu entorno. À sua direita, uma tenda e um par de botas sugerem a presença de alguém descansando. A imagem destaca o cão, que permanece vigilante, protegendo seu dono. O cenário primaveril, iluminado por um sol radiante, simboliza acontecimentos positivos, paz e tranquilidade.

Significado geral: esta carta representa amizades sinceras, fundamentadas em honestidade, apoio e colaboração. As cartas ao redor fornecem mais detalhes sobre essa relação.

De forma geral, *Fidelidade* simboliza paz, harmonia, proteção e amizade. Os planos tendem a seguir como esperado, e os objetivos são alcançados.

Se o consulente estiver passando por uma situação difícil, esta carta indica que alguém intervirá a seu favor.

Além disso, *Fidelidade* tem uma forte conexão com o mundo espiritual, podendo revelar a presença de um guia espiritual importante e indicar proteção.

Esta carta também pode simbolizar animais de estimação.

Se estiver **invertida**, representa o oposto de seus significados positivos, trazendo deslealdade, infidelidade e perda de confiança. Nessa posição, a carta também pode indicar a presença de alguém no ambiente do consulente que não é digno de confiança, exigindo que ele se mantenha alerta.

Profissional: esta carta sugere um ambiente de trabalho amistoso e produtivo, com boas perspectivas de sucesso. Um amigo próximo do consulente pode desempenhar um papel importante nesse contexto.

Quando **invertida**, *Fidelidade* pode indicar um ambiente hostil, no qual o consulente não deve confiar nas pessoas. Parcerias podem ser arriscadas.

Financeiro: a carta aponta para uma fase de estabilidade nessa área da vida. Também sugere a possibilidade de uma parceria de negócios promissora com alguém de confiança.

A carta **invertida** recomenda cautela ao firmar parcerias de negócios. Além disso, é essencial que o consulente mantenha discrição em todas as suas decisões financeiras.

Amor: se o consulente está em um relacionamento, esta carta indica sentimentos sinceros e fidelidade. Há harmonia, amizade e cumplicidade entre o casal. Caso tenha ocorrido um distanciamento, a carta anuncia o retorno da pessoa amada.

Se o consulente estiver solteiro, *Fidelidade* sugere que alguém do seu círculo de amizades pode estar se apaixonando por ele.

Invertida, a carta pode indicar falta de cumplicidade, amizade e entendimento em uma relação. Além disso, pode haver uma influência externa negativa de alguém que se comporta de forma dissimulada. Caso o consulente esteja solteiro, pode revelar a aproximação de alguém com intenções pouco sérias.

Saúde: possíveis problemas relacionados ao nariz e à língua.

Características pessoais: pessoa leal, amigável e prestativa.

Polaridade: positiva.

Combinações

Fidelidade é uma carta positiva, que pode representar um amigo ou até mesmo um animal de estimação. Caso não esteja associada a alguém específico, pode simbolizar as qualidades essenciais de uma amizade, como lealdade, amor, cumplicidade, afeto e proteção.

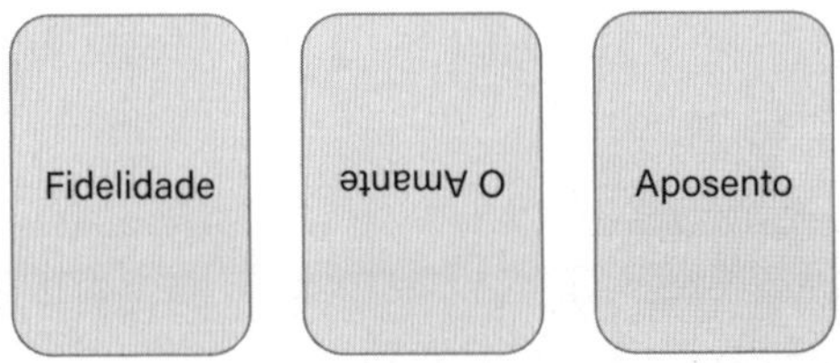

Proposta de interpretação: encontro secreto (*Aposento*) com um amante (*Fidelidade* + *O Amante* invertida).

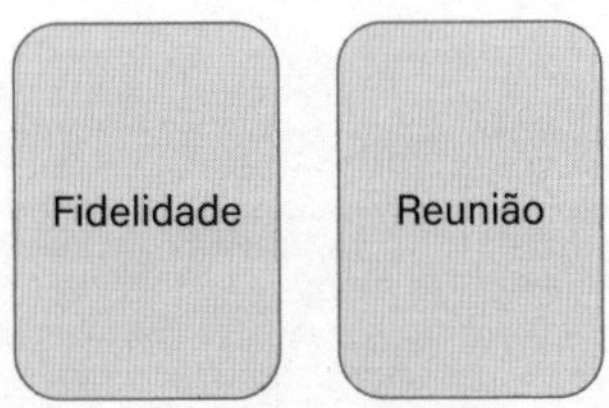

Proposta de interpretação: reconciliação com um amigo.

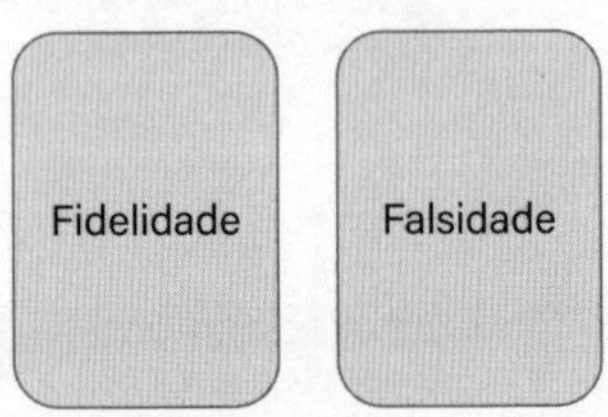

Proposta de interpretação: amigo falso.

10. CONSTÂNCIA

Por mais forte que tenha sido a tempestade, você conseguiu se libertar e se reerguer. Nada será como antes, e a pessoa que você é hoje não é a mesma do passado. Confie em si mesmo.

Carta: 10 de Copas
Números da sorte: 52 e 6
Associação luminar: Sol

Palavras-chave: reerguimento, libertação, transformação, glória, verdade, esforço, determinação, confiança, fé, otimismo, perseverança, conquista, demora.

Descrição: nesta carta, vemos Joana d'Arc ajoelhada, vestindo uma armadura metálica, em um gesto que simboliza humildade e fé. Atrás dela, uma cidade em chamas representa a dor e o sofrimento do passado. Ela se apoia em sua espada, símbolo da justiça. Apesar das adversidades enfrentadas, sua postura sugere que sua força e fé permanecem inabaláveis. Essa heroína francesa simboliza a capacidade de superação diante das dificuldades e o renascimento, ainda que o processo seja doloroso e envolva um esforço intenso.

Significado geral: esta carta representa o renascimento após uma fase difícil e confirma que a energia da vitória está presente, ainda que demande esforço. Ela aconselha o consulente a manter uma fé inabalável e a confiar em sua própria força e potencial. Por maiores que sejam os desafios, com determinação, eles serão superados. O consulente tem o poder de moldar seu próprio destino e ser o protagonista de sua vida.

Se estiver **invertida**, pode indicar dificuldades em manter a confiança e a perseverança, além de uma tendência maior a desistir diante das adversidades. Também sugere que o consulente pode estar cercado de pessoas que tendem a desencorajá-lo, dificultando seu progresso. Nessa posição, a carta pode ainda alertar para o risco de um acidente.

Profissional: nessa área da vida, *Constância* indica que o consulente alcançará estabilidade após um período conturbado. Seu sucesso depende principalmente de sua própria dedicação, tornando essencial que ele mantenha o foco em seus objetivos.

Se estiver **invertida**, a carta sugere dificuldades em superar bloqueios, o que pode levar a retrocessos e imprevistos. O consulente precisará manter a determinação.

Financeiro: *Constância* indica que, apesar dos obstáculos do passado, uma boa gestão financeira pode levar à estabilidade.

Se **invertida**, sugere dificuldades em superar problemas financeiros anteriores, além da possibilidade de novos bloqueios surgirem. Também pode apontar para obstáculos na realização de negócios.

Amor: um relacionamento passou por um período conturbado, mas a carta sugere uma mudança positiva para o consulente. A relação pode ter chegado ao fim ou, ao contrário, as adversidades podem ter sido superadas, trazendo paz e harmonia.

Caso o consulente esteja solteiro, a carta remete a uma experiência dolorosa do passado. Agora, ele está em um processo de cura interior, preparando-se para se abrir novamente para o amor.

A carta **invertida** adverte que um relacionamento pode passar por uma fase turbulenta, possivelmente levando a uma separação. Caso o consulente esteja solteiro, a carta revela a possibilidade de envolvimento sexual com uma pessoa sem intenções sérias.

Saúde: fragilidades ósseas.

Características pessoais: pessoa que costuma ser determinada, esforçada, justa e otimista.

Polaridade: positiva.

Combinações

A carta *Constância* representa uma resposta positiva após um período difícil, que exigiu esforço e luta para atingir um objetivo.

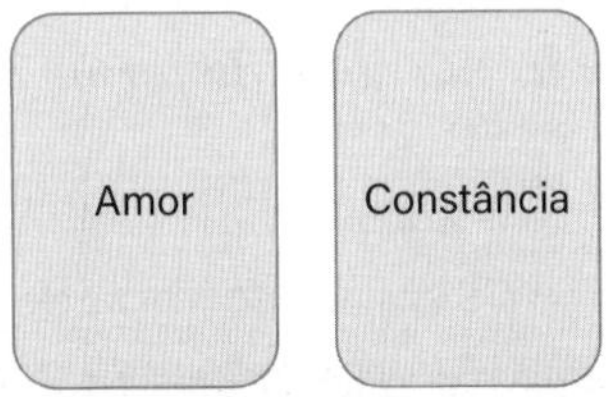

Proposta de interpretação: um amor que resistiu a um período conturbado (*Constância*). Vale ressaltar que a carta *Amor* não remete a um período negativo – ao contrário, é *Constância* que sugere que uma luta intensa foi necessária para alcançar esse objetivo.

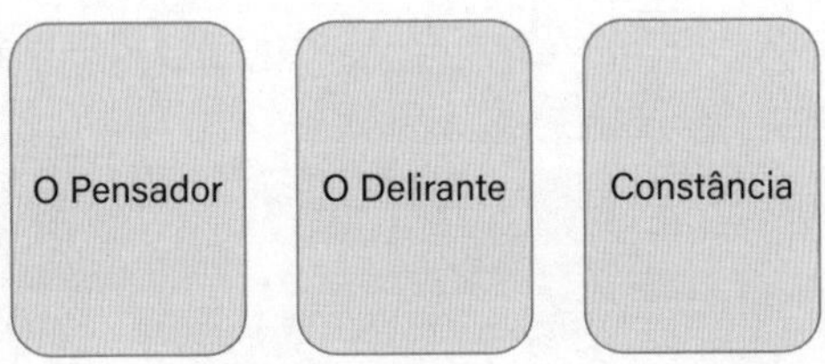

Proposta de interpretação: um período intenso de desorganização mental (*O Pensador* + *O Delirante*) foi superado com sucesso (*Constância*).

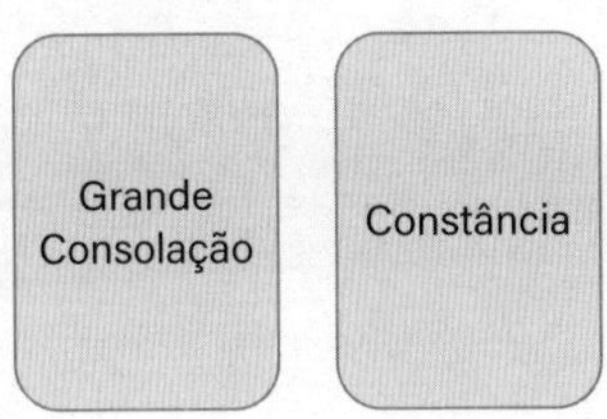

Proposta de interpretação: Fé na resolução de uma situação problemática, com a certeza de que terá um desfecho favorável.

11. O AMANTE

Você viverá uma fase de romance
com uma pessoa especial.
Seu coração transborda amor,
nutrindo sua alma de forma única.

Carta: 11 de Copas
Números da sorte: não atribuídos
Associação planetária: Vênus

Palavras-chave: homem, namorado, paixão, desejo, relacionamento, romance, sentimentos, sensibilidade, emoção, boas surpresas.

Descrição: um homem jovem está sentado à porta de uma casa, fazendo uma serenata. A casa está repleta de detalhes românticos, com destaque para os vasos nas janelas, a porta e a janela em tom vermelho, além de uma bela cerca. O homem olha para a porta, como se esperasse que sua amada pudesse aparecer a qualquer momento. À sua esquerda, uma cesta com flores vermelhas simboliza o amor e a paixão, reforçando as verdadeiras intenções desse homem.

Significado geral: esta carta pode representar um homem com quem o consulente se relaciona ou poderá se relacionar. Pode ser um membro da família, um namorado ou até mesmo alguém que venha a se apaixonar pelo consulente. A pessoa representada por esta carta está solteira.

Se a carta não estiver associada a alguém específico, são suas características que definirão uma situação, trazendo romantismo, amor, emoção e boas surpresas aos acontecimentos.

Na posição **invertida**, *O Amante* ainda representa a mesma pessoa, mas assume uma conotação negativa. Nesse caso, revela um caráter manipulador, dissimulado e desleal.

Profissional: nessa área da vida, a carta sugere que a ambição e o empenho nos projetos profissionais são evidentes. O consulente pode alcançar o sucesso e realizar seus objetivos.

A carta *O Amante* também pode revelar que, no ambiente profissional do consulente, há uma pessoa que se sente sexualmente atraída por ele.

Na posição **invertida**, a carta pode representar uma pessoa com uma postura amigável que, na realidade, busca se aproveitar ou prejudicar o consulente de alguma forma.

Financeiro: a carta sugere que o consulente pode sentir um impulso para fazer investimentos, mesmo que não esteja em uma fase muito favorável para isso. Aconselha-se cautela.

Na posição **invertida**, a carta O *Amante* adverte que o consulente deve ser cuidadoso com os investimentos, pois há o risco de tomar decisões das quais poderá se arrepender mais tarde. Além disso, ele pode estabelecer uma parceria desfavorável com alguém cujas intenções são questionáveis.

Amor: em um relacionamento, a carta indica que haverá uma fase de mais romantismo, o que fortalecerá a união.

Caso o consulente esteja solteiro, revela a aproximação de uma pessoa que está se apaixonando por ele. Os sentimentos são sinceros, e a carta favorece o romance. A análise das cartas ao redor pode dizer se o relacionamento terá ou não futuro.

Quando **invertida**, pode indicar frieza e distância, perda de desejo sexual e sentimentos adormecidos ou inexistentes em um relacionamento. Se o consulente for solteiro, a carta sugere que alguém com intenções pouco sérias pode se aproximar, buscando um envolvimento sem compromisso.

Saúde: sistema nervoso e mãos.

Características pessoais: pessoa sensível, apaixonada, honesta e amigável.

Polaridade: neutra.

Combinações

A carta O *Amante* representa um homem. É uma carta neutra, pois seus significados são definidos pelas cartas circundantes, que revelam mais sobre sua personalidade.

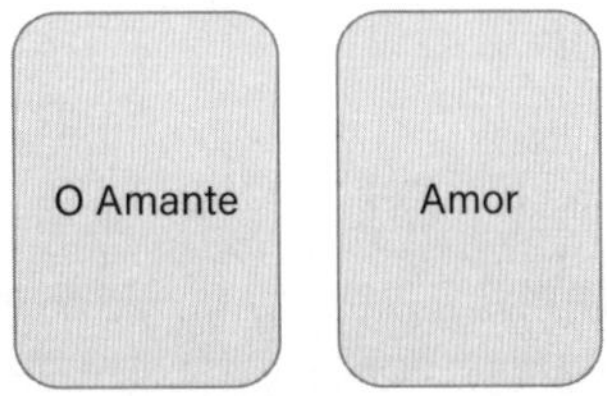

Proposta de interpretação: homem apaixonado.

Proposta de interpretação: um homem (O *Amante*) está envolvido em um negócio suspeito (*O Ladrão*) que envolve dinheiro (*Dinheiro*).

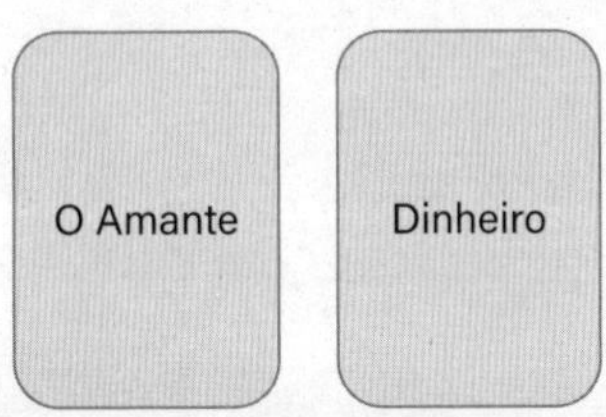

Proposta de interpretação: homem estável com poder financeiro.

12. A AMANTE

Um amor do passado pode voltar
a aflorar em seu coração.
Receba essa fase romântica
de braços abertos!

Carta: 12 de Copas
Números da sorte: não atribuídos
Associação planetária: Vênus

Palavras-chave: mulher, namorada, paixão, desejo, relacionamento, romance, sentimentos, sensibilidade, emoção, melancolia, passado.

Descrição: uma mulher jovem está sentada em meio à natureza, olhando a fotografia de um homem em um relicário. A forma como observa a imagem revela a importância dessa pessoa em sua vida. Os diversos elementos da cena simbolizam a paixão que ela sente por ele, e essa energia é transmitida para o significado da carta.

Significado geral: esta carta pode representar uma mulher com quem o consulente se relaciona ou pode vir a se relacionar. Pode ser um membro da família, uma namorada ou até mesmo alguém que se apaixone pelo consulente. A pessoa indicada na carta está solteira.

Se esta carta não estiver representando alguém específico, suas características definirão a situação, trazendo romantismo, amor e emoção, além de mágoas relacionadas ao passado.

Na posição **invertida**, representa a mesma pessoa, mas com mudanças em suas características pessoais e uma conotação negativa. Pode caracterizar uma mulher dissimulada, movida principalmente por seus próprios interesses, que usa seu poder de sedução para manipular alguém ao seu redor. Também pode indicar uma mulher divorciada e/ou uma rival.

Profissional: nesse âmbito, a carta sugere que o consulente está entusiasmado com seu trabalho e mais empenhado em concretizar seus objetivos. Direcionando seus esforços para seu propósito, será bem-sucedido.

Esta carta também pode indicar que, no contexto profissional, há uma pessoa que se sente sexualmente atraída pelo consulente.

Na posição **invertida**, pode representar uma pessoa próxima que deseja manipular o consulente. Também pode indicar investimentos em projetos sem retorno.

Financeiro: a carta sugere que o consulente pode estar mais inclinado a fazer compras, talvez de forma impulsiva. Aconselha-se prudência.

A carta **invertida** adverte que ele deve ser cauteloso com os investimentos, pois há uma tendência para maus negócios. Além disso, pode estabelecer uma parceria desfavorável com alguém cujas intenções são questionáveis.

Amor: em um relacionamento, a carta indica que haverá uma fase de mais romantismo, o que fortalecerá a união.

Caso o consulente esteja solteiro, esta carta revela que alguém de seu passado amoroso ainda ocupa um espaço em seu coração, trazendo sentimentos de melancolia e dor.

Quando **invertida**, pode indicar frieza e distância, perda de desejo sexual e sentimentos adormecidos ou inexistentes. Se o consulente estiver solteiro, a carta sugere que alguém que pretende se aproveitar dele, sem oferecer segurança, pode se aproximar.

Saúde: pele, cabeça e gravidez.

Características pessoais: em geral, pessoa sensível, apaixonada, honesta e amigável.

Polaridade: neutra.

Combinações

A carta *A Amante* representa uma mulher. É uma carta neutra, pois seus significados são definidos pelas cartas circundantes, que revelam detalhes sobre sua personalidade.

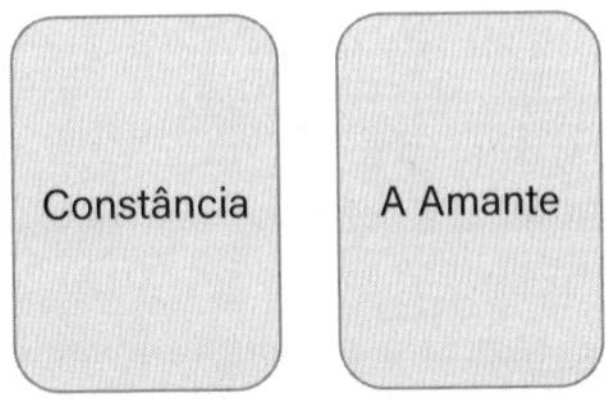

Proposta de interpretação: mulher guerreira, com um passado doloroso e momentos de superação marcantes.

Proposta de interpretação: Mulher (*A Amante*) grávida (*Criança* + *Prisão*).

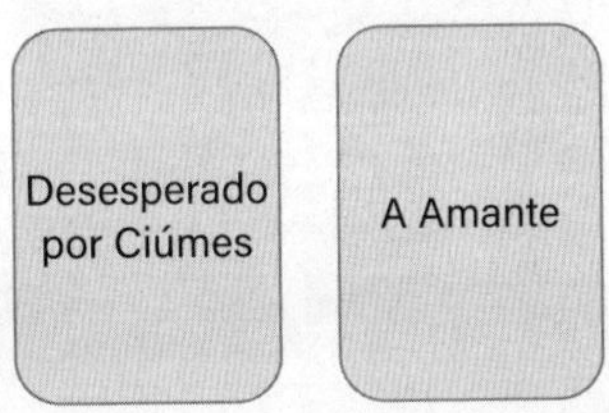

Proposta de interpretação: mulher ciumenta e emocionalmente instável.

13. GRANDE SENHOR

Uma pessoa influente, generosa e bem-intencionada pode ajudá-lo em uma situação em que você precise de apoio.

Carta: 13 de Copas
Números da sorte: 55 e 24
Associação planetária: Sol

Palavras-chave: homem, proteção, benfeitor, auxílio, generosidade, apoio, liderança, intervenção positiva, poder, encorajador, riqueza, justiça.

Descrição: o homem sentado em um trono dourado está disponível para ajudar em qualquer situação. Sua capa vermelha simboliza o impulso para a ação, e suas roupas suntuosas representam sua estabilidade financeira. Uma aura branca o envolve, refletindo sua forte proteção espiritual e vibração positiva. Ao seu redor, a água simboliza seu lado emocional forte, indicando que ele é guiado pelos seus sentimentos. O homem está voltado para a esquerda, simbolizando a importância que ele dá ao seu passado e revelando que sua situação atual foi conquistada com muito esforço.

Significado geral: esta carta anuncia a aproximação de um homem sábio, generoso e bem-intencionado, que ajudará o consulente em uma fase difícil de sua vida.

O *Grande Senhor* pode representar um guia espiritual forte que protege o consulente de influências negativas.

Se a carta estiver **invertida**, indica que as características desse homem são alteradas, representando alguém egocêntrico, desonesto, com grande sede de poder e desejo de progredir a qualquer custo. Sua postura é arrogante e indiferente às necessidades dos outros.

Profissional: *Grande Senhor* anuncia que o consulente pode esperar crescimento nessa área. Acordos ou contratos com pessoas influentes podem surgir, trazendo resultados positivos. Além disso, é um bom momento para os negócios, que são conduzidos com honestidade.

Se a carta estiver **invertida**, prevê-se uma fase de instabilidade em que, devido à influência de um homem desonesto, o consulente pode encontrar dificuldades para crescer e progredir em sua carreira.

Financeiro: esta carta anuncia uma fase de estabilidade financeira, que pode ser marcada por negócios promissores. Além disso, pode indicar um acordo ou contrato com uma pessoa poderosa.

Quando **invertida**, a carta *Grande Senhor* sugere dificuldades em manter a estabilidade financeira e uma vida confortável. Um possível negócio com um homem de caráter duvidoso é arriscado – por isso, o consulente deve ter atenção e cautela.

Amor: esta carta indica que o consulente está em um relacionamento estável sincero. No entanto, pode haver um desequilíbrio, com um dos parceiros adotando uma postura controladora enquanto o outro se coloca em uma posição mais submissa.

Caso o consulente esteja solteiro, a carta indica a aproximação de alguém com intenções sinceras.

Quando **invertida**, pode revelar um relacionamento em que o parceiro adota uma postura arrogante, agressiva e manipuladora, deixando o consulente em uma posição submissa. Se ele estiver solteiro, a carta sugere que uma pessoa com intenções de se aproveitar pode tentar se envolver amorosamente com ele.

Saúde: caso haja algum problema de saúde, esta carta costuma indicar uma melhora.

Características pessoais: pessoa estável, generosa, empenhada, honesta e poderosa.

Polaridade: positiva.

Combinações

Quando está do lado direito, *Grande Senhor* é uma carta positiva. Representa um benfeitor, alguém que ajuda com seu poder e sua sabedoria. Por ser uma carta de personagem, ela influencia a ação, revelando alguém que faz ou fará parte da vida do consulente.

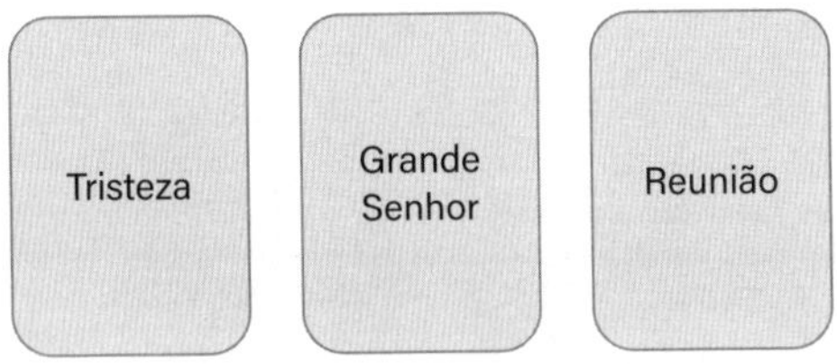

Proposta de interpretação: após um momento de grande instabilidade emocional, causado por uma notícia recebida (*Tristeza*), um homem influente (*Grande Senhor*) traz a solução para o problema (*Reunião*).

Proposta de interpretação: negócios com uma pessoa influente.

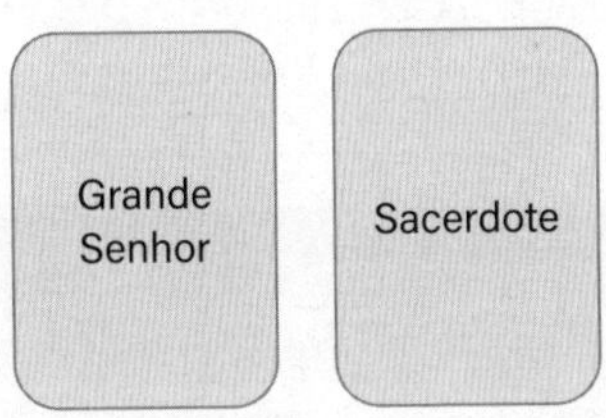

Proposta de interpretação: figura de grande importância, como um juiz.

Naipe de Paus

O naipe de Paus representa o elemento Fogo, que está relacionado à criatividade, ao entusiasmo, à força, ao dinamismo, ao movimento, à iniciativa, à atividade e às conquistas.

Qualquer que seja o tema, estas cartas têm o poder de influenciar os acontecimentos de forma positiva, sinalizando boas concretizações. Além disso, este naipe é dominante em relação aos naipes subordinados – esse aspecto é fundamental para uma interpretação correta das cartas em combinação.

1. MATRIMÔNIO

Um contrato ou acordo será realizado de forma positiva e estruturada.

Carta: Ás de Paus
Números da sorte: 82 e 28
Associação planetária: Vênus

Palavras-chave: contrato, acordo, conexão, relacionamento, associação, união duradoura, casamento, negócio, pacto, promessa, estabilidade, sexualidade.

Descrição: no original italiano, esta carta recebe o nome *Imeneo*, em referência ao deus grego Hymenaeus – deus do casamento, filho de Afrodite e Apolo. Em obras de arte, ele é retratado como uma criança segurando uma tocha nupcial.

Inspirada pelas características de Hymenaeus, a imagem da carta retrata um altar romano, também conhecido como *ara* em latim, com fogo no topo, assemelhando-se a uma tocha. Acima do altar, duas pombas brancas entrelaçam alianças, simbolizando o ato de consagração de um matrimônio.

Significado geral: a carta *Matrimônio* revela sempre algum tipo de acordo entre duas ou mais pessoas. Ela traz uma energia de seriedade, proporcionando estrutura, estabilidade e segurança aos acontecimentos.

Quando **invertida**, sugere que pode haver dificuldade na celebração de um contrato, o que pode resultar em bloqueios e atrasos. Algo foi estruturado de forma incorreta no passado, trazendo as consequências para o presente. Se esta carta estiver associada a uma pessoa, pode indicar que ela é separada ou divorciada.

Profissional: a carta anuncia um contrato ou acordo que trará estabilidade e segurança ao consulente. Também pode revelar uma parceria, sociedade, associação ou criação de uma empresa baseada em interesses em comum.

A carta **invertida** adverte que contratos ou acordos podem não se concretizar ou podem encontrar dificuldades para serem realizados. As cartas ao seu redor podem revelar o tipo de bloqueio que surgirá. Além disso, será um momento difícil para parcerias e podem haver obstáculos na comunicação.

Financeiro: esta carta sugere a existência de um contrato ou negócio, além de indicar estabilidade, transações comerciais e prosperidade.

Se estiver **invertida**, a carta sugere que os negócios podem não dar certo. Existe a possibilidade de surgirem dívidas e dificuldades para alcançar a estabilidade.

Amor: se o consulente estiver em um relacionamento, a carta revela que essa relação é estável e segura, com todas as características para ser uma união duradoura. Caso o relacionamento ainda não tenha sido oficializado, pode marcar essa oficialização, possivelmente sob a forma de casamento.

Esta carta também pode apontar para um projeto em comum.

Se o consulente estiver solteiro, a carta remete ao início de um relacionamento baseado em sinceridade e estabilidade.

Quando **invertida**, sugere que um relacionamento passará por uma fase de instabilidade, podendo resultar em separação. Caso o consulente esteja solteiro, pode ter dificuldade de encontrar estabilidade e segurança ao lado de alguém.

Saúde: doença crônica. Sistema imunológico forte.

Características pessoais: pessoa séria, empenhada e cooperativa.

Polaridade: neutra.

Combinações

Matrimônio é uma carta neutra, associada principalmente a contratos, uniões duradouras e acordos entre duas ou mais pessoas. As cartas ao redor fornecerão mais detalhes.

Proposta de interpretação: doença prolongada.

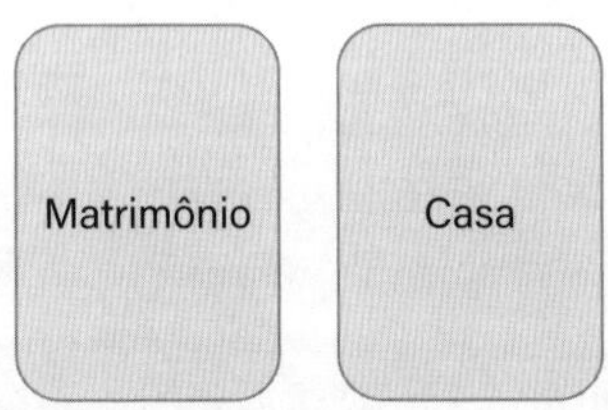

Proposta de interpretação: aquisição de um imóvel.

Proposta de interpretação: chegada de uma informação escrita que indica o fim de um contrato.

2. ORGULHO

Celebre com humildade a vitória que se aproxima – ela é fruto de esforço, perspicácia e sabedoria. Seja gentil com aqueles ao seu redor.

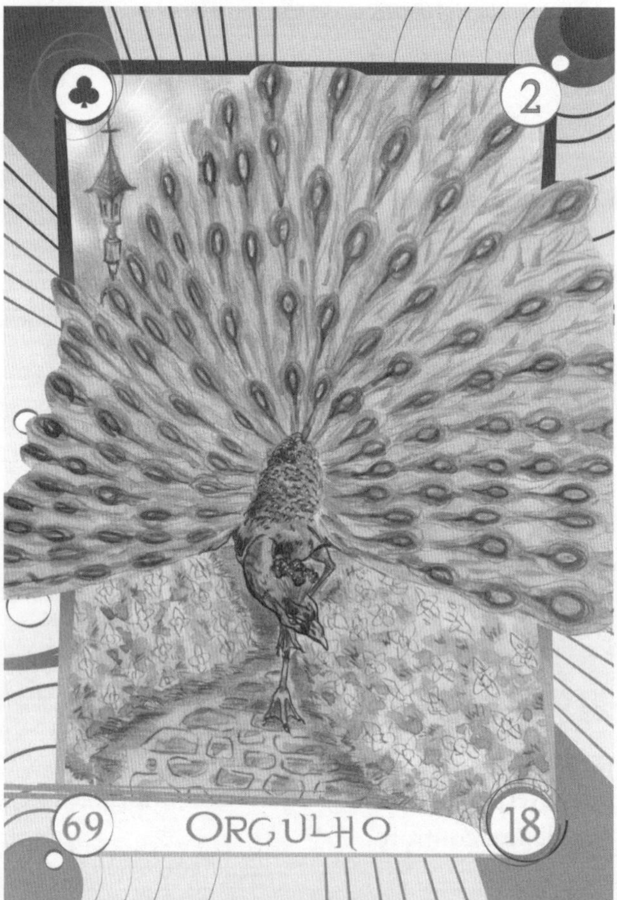

Carta: 2 de Paus
Números da sorte: 69 e 18
Associação planetária: Júpiter

Palavras-chave: sucesso, orgulho, beleza, sedução, força, satisfação, vitória, competitividade, prosperidade, abundância, proteção, ostentação, superioridade.

Descrição: um pavão de cauda exuberante caminha de forma majestosa e destemida. Pela maneira como ostenta suas penas, parece estar tentando impressionar uma fêmea ou se preparando para um ataque. Ao fundo, é possível ver uma igreja distante simbolizando a forte proteção espiritual.

A simbologia do pavão se reflete nos significados desta carta. Suas penas caem ao fim do ciclo reprodutivo e tornam a nascer na primavera, representando o renascimento e a transformação.

Em diversas culturas e tradições religiosas, o pavão é símbolo de proteção espiritual e visão divina, pois suas penas, semelhantes a olhos sempre abertos, remetem à onisciência. Esse detalhe também é associado à glândula pineal, acrescentando uma dimensão mediúnica à sua simbologia.

Significado geral: *Orgulho* representa sucesso, vitória, determinação e espírito competitivo.

Devido à sua forte conexão com a espiritualidade, esta carta simboliza proteção divina e sugere que, por maiores que possam ser as adversidades, o consulente pode confiar que a resolução será a melhor possível.

Em uma perspectiva menos positiva, a vaidade e a competitividade podem ser desnecessárias, podendo revelar uma pessoa que quer se colocar em uma posição de superioridade, tornando-se refém de seu próprio ego.

Se a carta estiver **invertida**, seus aspectos negativos se intensificam, revelando comportamentos arrogantes, fúteis, hipócritas e egocêntricos. Além disso, indica dificuldades para alcançar o sucesso.

Profissional: esta carta reflete um ambiente competitivo, no qual o consulente precisará utilizar sua determinação e seu esforço para atingir seus objetivos. Há chances de progressão na carreira.

Orgulho sugere que o consulente conseguirá atingir seus objetivos. No entanto, deve trilhar seu caminho com humildade, honrando seus compromissos e respeitando aqueles que encontrar ao longo da jornada.

Se estiver **invertida**, revela dificuldades para alcançar o sucesso e o reconhecimento, possivelmente devido à influência de alguém que minimiza ou obscurece seus esforços.

Financeiro: a carta anuncia uma fase estável, em que a prosperidade e a abundância podem ser alcançadas ou já estão presentes.

Se estiver **invertida**, a carta indica o surgimento de despesas inesperadas e perdas financeiras, levando o consulente a uma luta constante para recuperar a estabilidade.

Amor: se o consulente estiver em um relacionamento, esta carta revela felicidade e estabilidade em uma relação duradoura.

Caso o consulente esteja solteiro, pode indicar que existe competição em relação a alguém por quem ele tem interesse. Pode também sinalizar um encontro.

Se a carta estiver **invertida**, sugere que, em um relacionamento, haverá um forte desequilíbrio, e o consulente pode se sentir manipulado e diminuído por seu parceiro. A relação pode chegar ao fim. Caso o consulente esteja solteiro, a carta revela que sua baixa autoestima e autoimagem negativa têm sido obstáculos para que ele encontre felicidade no amor.

Saúde: sistema imunológico forte. A carta também pode indicar uma cirurgia plástica.

Características pessoais: pessoa atraente, vaidosa, consumista e determinada.

Polaridade: neutra.

Combinações

Orgulho é uma carta neutra, que pode significar um momento de vitória, como o triunfo em uma competição, ou o lado mais sombrio de uma personalidade consumida pelo ego. Além disso, ela tem uma forte conotação espiritual, simbolizando a proteção divina.

Proposta de interpretação: guia espiritual.

Proposta de interpretação: reconhecimento e sucesso no trabalho.

Proposta de interpretação: uma pessoa culta e estudiosa (*Acadêmico Artista*) deslumbrada consigo mesma (*Orgulho Invertida*), e, por isso, tem uma percepção exagerada do próprio valor (*O Delirante*).

3. VIAGEM

A energia é de movimento – pode indicar uma viagem ou a chegada de alguém. Novidades estão a caminho.

Carta: 3 de Paus
Números da sorte: 54 e 23
Associação planetária: Júpiter

Palavras-chave: viagem, chegada, movimento, transporte, transformação, estrangeiro, mudança, segurança, calma.

Descrição: um homem de aparência bem-cuidada avança calmamente, montado em seu unicórnio, que caminha pelo solo. O unicórnio tem longas asas que lhe permitem voar. Ele deixa para trás uma cidade e segue, determinado, rumo a algo. Sua expressão corporal é calma e relaxada.

Significado geral: esta carta indica viagens de um modo geral, qualquer que seja o meio de transporte. Pode sugerir até mesmo uma viagem ao exterior. Note que o unicórnio tem asas para voar, assim como os aviões. A simbologia associada à imagem do cavaleiro inclui todo tipo de deslocamentos.

Além disso, esta carta anuncia a possibilidade de mudanças ou a chegada de alguém. Ela transporta a carta que está atrás de si para o lugar indicado pela carta à sua frente.

No plano espiritual, esta carta revela uma evolução positiva, com algumas quebras de paradigmas.

Se estiver **invertida**, indica possíveis impedimentos relacionados a viagens, como atrasos ou cancelamentos. Caso o consulente esteja aguardando uma pessoa ou uma notícia, a carta pode sugerir que essa chegada não ocorrerá ou que haverá um atraso.

Profissional: esta carta revela a realização de viagens associadas à área profissional. Também pode apontar para mudanças no ambiente de trabalho, como uma mudança de departamento.

A carta **invertida** indica que viagens planejadas podem ser canceladas ou enfrentar diversos contratempos. As cartas ao redor podem fornecer mais detalhes sobre os possíveis problemas.

Financeiro: esta carta sugere um investimento em uma viagem, além de apontar para negócios relacionados à importação e exportação.

Se estiver **invertida**, sinaliza possíveis perdas financeiras relacionadas a viagens. Caso o consulente tenha negócios no exterior, podem surgir bloqueios, prejuízos e até mesmo impedimentos à sua concretização.

Amor: se o consulente estiver em um relacionamento, esta carta pode indicar a aproximação da pessoa amada, caso ela esteja distante. Também pode representar a realização de uma viagem juntos.

Caso o consulente esteja solteiro, a carta *Viagem* revela a chegada de uma pessoa com quem ele pode iniciar um relacionamento. No entanto, somente a análise das cartas seguintes permitirá avaliar a evolução concreta dessa relação.

Quando **invertida**, sugere que, em um relacionamento, caso o consulente esteja esperando pela reaproximação da pessoa amada, isso não ocorrerá. Se estiver solteiro, indica um bloqueio no desenvolvimento dessa área da vida.

Saúde: fragilidades nos membros inferiores.

Características pessoais: pessoa estrangeira, aérea, que gosta muito de viajar.

Polaridade: neutra.

Combinações

Viagem é uma carta neutra e flexível, que indica mudanças. Como já mencionado, ela transporta a carta que está atrás de si para o lugar indicado pela carta à sua frente.

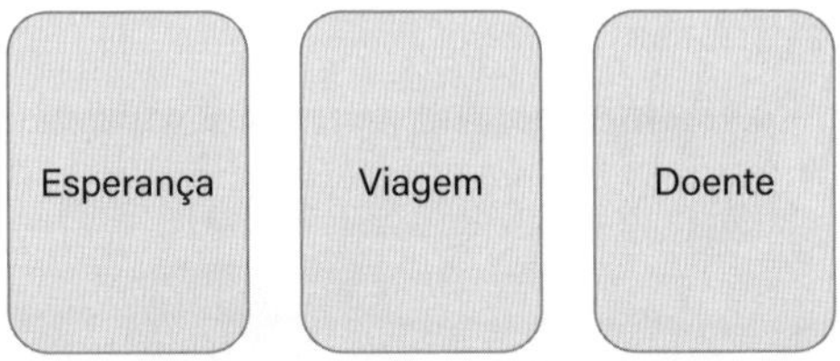

Proposta de interpretação: as mudanças em curso (*Viagem*) levarão à cura (*Esperança*) de uma doença (*Doente*).

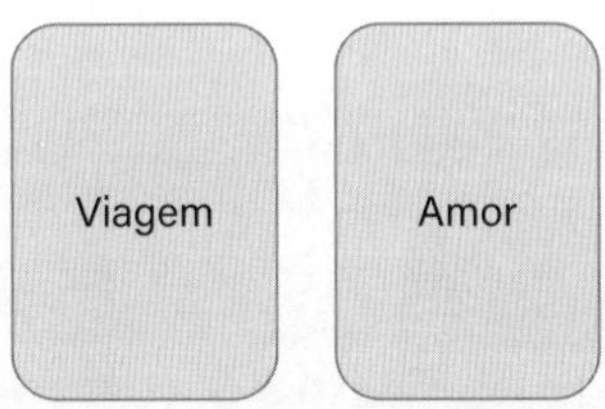

Proposta de interpretação: viagem romântica.

Proposta de interpretação: chegada inesperada (*Viagem* invertida) de um homem influente e sábio (*Grande Senhor*), que auxiliará o consulente em um momento de grande desespero (*Tristeza*).

4. AMIGA

A amizade de alguém pode fazer toda a diferença para o seu bem-estar. Retribua essa dedicação.

Carta: 4 de Paus
Números da sorte: 89 e 25
Associação planetária: Vênus

Palavras-chave: amizade, harmonia, apoio, auxílio, recomendação, fidelidade, esforço, dedicação, disponibilidade, fecundidade, verdade, bons conselhos, tranquilidade, conforto.

Descrição: uma mulher em uma sala confortável oferece uma cadeira para alguém se sentar. Sua postura é amigável, e a maneira como se veste é simples, mostrando que gosta de receber bem.

O ambiente é repleto de elementos que transmitem conforto, como uma lareira, um tapete, cortinas e uma decoração acolhedora e calorosa. O telefone em cima da lareira indica a disponibilidade dessa mulher em atender a quem dela necessite.

Significado geral: esta carta pode indicar a presença de uma pessoa amiga na vida do consulente. Pode ser também algum familiar próximo, como uma prima, filha, irmã ou namorada. A energia da amizade e da lealdade estão presentes, simbolizando alguém confiável, que apoia e dá bons conselhos. De forma geral, esta carta sugere um ambiente amistoso, de colaboração e harmonia, no qual o consulente se sente estável, apoiado e com confiança.

Se a carta estiver **invertida**, é sinal de que alguém próximo do consulente pode tentar prejudicá-lo. Ela representa uma pessoa falsa e dissimulada. O ambiente é inseguro; por isso, é fundamental estar atento aos "presentes envenenados".

Profissional: esta carta representa um ambiente harmonioso, cooperativo e de confiança. O consulente tem alguém próximo que pode apoiar e ajudar nesse aspecto. Os projetos se desenvolverão de forma positiva.

Se a carta *Amiga* estiver **invertida**, recomenda que o consulente deve ficar especialmente atento às pessoas ao seu redor, pois pode estar lidando diariamente com alguém dissimulado, que pretende se aproveitar de sua boa vontade. Além disso, não deve compartilhar informações confidenciais.

Financeiro: a carta sugere que uma parceria com uma pessoa de confiança pode surgir, trazendo retornos positivos. Pode também indicar um negócio próspero.

Se **invertida**, adverte que o consulente deve ser muito cuidadoso ao confiar nas pessoas. Negócios devem ser cautelosamente analisados para evitar prejuízos.

Amor: se o consulente estiver em um relacionamento, a carta *Amiga* revela que existe muita empatia, cumplicidade e amizade. O ambiente é prazeroso e seguro.

Caso o consulente esteja solteiro, sugere que uma pessoa amiga pode se aproximar com a intenção de ter um envolvimento amoroso. Os sentimentos são verdadeiros e as chances de sucesso dessa união são altas. Contudo, é importante não confundir uma amizade forte com sentimentos amorosos.

Se a carta estiver **invertida**, ela indica uma relação pautada por desarmonia e falta de entendimento. A conexão está se desfazendo e há falta de amizade entre o casal. Caso o consulente esteja solteiro, a carta pode simbolizar um amor não correspondido.

Saúde: estabilidade.

Características pessoais: pessoa leal, amigável, solícita, sensível e que costuma ser maternal.

Polaridade: positiva.

Combinações

Amiga é sempre uma carta positiva. Pode representar uma pessoa confiável e amiga na vida do consulente ou, de maneira alegórica, simbolizar confiança, amizade e bons conselhos.

Proposta de interpretação: amiga de circunstância. A carta *Leveza* indica superficialidade na relação.

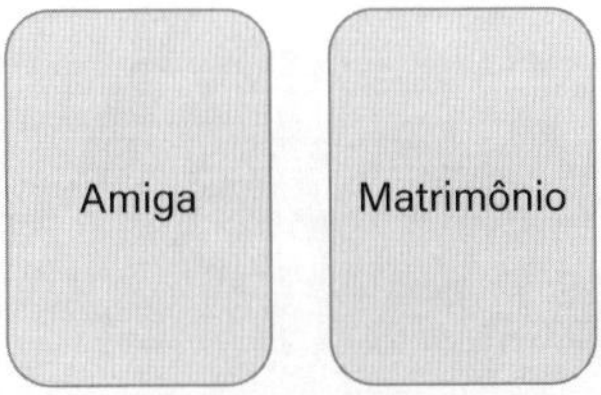

Proposta de interpretação: amizade forte e estável.

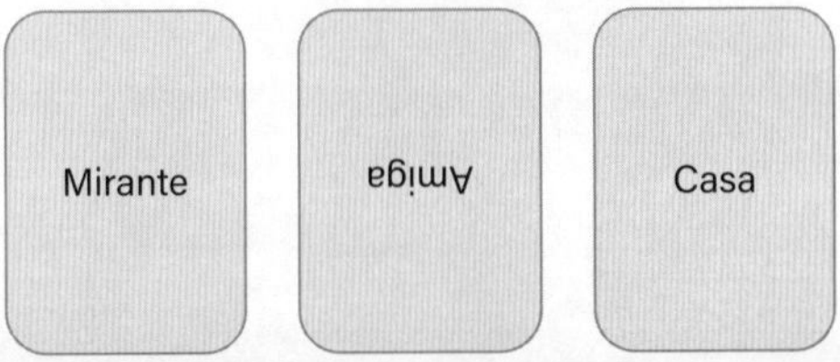

Proposta de interpretação: chegada aguardada (*Mirante*) de ajuda financeira (*Amiga* invertida) para a aquisição de um imóvel (*Casa*).

5. FORTUNA

Este momento de sorte que você está vivendo agora é o reflexo das suas ações. É a manifestação do bom carma. Aproveite essa boa energia e multiplique-a.

Carta: 5 de Paus
Números da sorte: 59 e 5
Associação planetária: Júpiter

Palavras-chave: prosperidade, abundância, felicidade, plenitude, sorte, sucesso, triunfo, reconhecimento.

Descrição: nesta carta, encontra-se Lakshmi, a deusa hindu da fortuna. Ela é invocada para pedir abundância, prosperidade, sorte, saúde e proteção. Na imagem, a deusa está no meio das nuvens, o que simboliza seu poder sobre o homem. Ela carrega em seus braços uma cornucópia transbordando moedas de ouro, representando abundância e prosperidade. A roda ao seu lado, que decide a sorte, distribui a fortuna de forma aleatória.

Significado geral: esta carta anuncia um período de sorte e sucesso no cumprimento dos objetivos. Ela indica que o consulente será abençoado por acasos que podem ser decisivos para alcançar o seu propósito. É a roda do destino em funcionamento, alinhando o consulente com o seu propósito de vida.

Mesmo que algo possa parecer perdido, esta carta coloca tudo no lugar certo e anuncia que a história ainda não chegou ao fim. Com a força da fortuna, ela tem o poder de reduzir os efeitos das cartas negativas ao seu redor. Esta é a carta do bom carma, que revela acontecimentos positivos que o destino nos oferece.

Se estiver **invertida**, não perde totalmente o significado de sorte, mas ele é bastante atenuado. Pode indicar atrasos, dificuldades e a necessidade de mais esforço para alcançar o sucesso.

Profissional: a carta anuncia um período de sorte, em que o sucesso pode ser facilmente alcançado. O consulente deve aproveitar para colocar planos ou projetos em andamento, pois será bem-sucedido. Pode ocorrer uma progressão na carreira.

Se estiver **invertida**, indica que o consulente terá que se empenhar, ser determinado e não desistir diante das dificuldades. Mesmo invertida, a carta revela que o sucesso será alcançado, mas com alguns impedimentos e bloqueios que precisam ser superados.

Financeiro: a carta revela segurança e abundância. Os negócios estão favorecidos. A sorte está ao lado do consulente e, com os esforços adequados, o retorno pode ser excelente.

A carta **invertida** adverte que o consulente deve ser mais cauteloso. *Fortuna* ainda representa a realização de objetivos e bons negócios, mas tudo deve ser feito de forma cuidadosa e correta.

Esta carta também representa o alinhamento com o divino, o que significa que, para obter "bons frutos", é necessário "plantar" da melhor forma.

Amor: em um relacionamento, a carta indica que a energia da paixão está presente, com uma fase de estabilidade e romantismo. O consulente deve aproveitar para fortalecer a união. Caso ele esteja solteiro, esta carta revela que uma pessoa predestinada pode aparecer em seu caminho. Essa pode ser uma união positiva, que trará estabilidade e felicidade.

Se a carta estiver **invertida**, o consulente pode contar com os mesmos aspectos positivos da carta na sua posição original, mas de forma atenuada.

Saúde: possibilidade de gripe ou resfriado.

Características pessoais: pessoa influente, líder, otimista e sortuda.

Polaridade: positiva.

Combinações

Fortuna é a carta mais positiva do baralho. Ela pode até mesmo anular os efeitos negativos de outras cartas. Indica sorte, êxito e vitória.

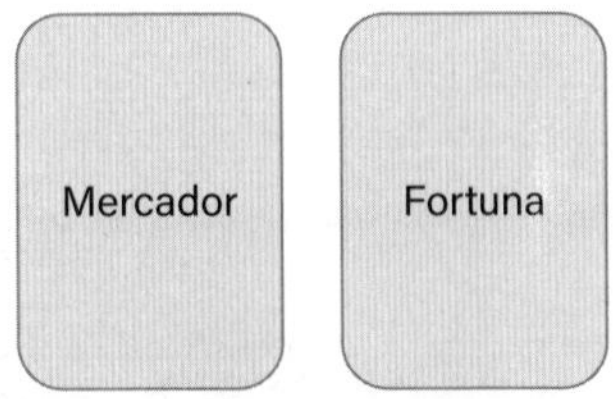

Proposta de interpretação: negócio próspero.

Proposta de interpretação: chegada (*Mensageiro*) da solução (*Fortuna*) de um problema legal (*Sacerdote*).

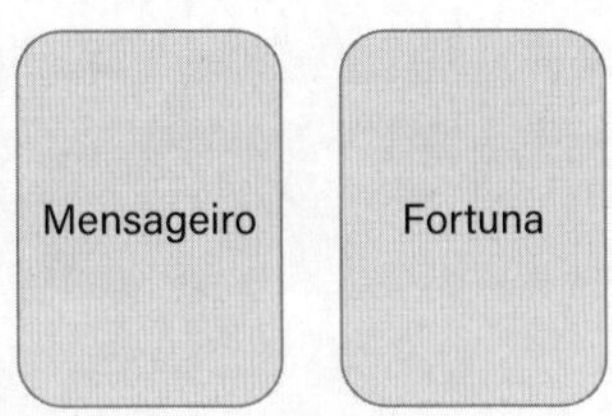

Proposta de interpretação: bilhete premiado.

6. SURPRESA CONSOLADORA

Um resultado pode sair melhor do que o esperado.
Você tem motivos para estar otimista.

Carta: 6 de Paus
Números da sorte: 57 e 11
Associação planetária: Júpiter

Palavras-chave: surpresa, sucesso, ganhos inesperados, expectativas superadas, sorte, abundância, prosperidade, conforto, prêmio, bônus, oportunidade, contentamento, recompensa, boas notícias.

Descrição: em um dia de sol, um homem pesca tranquilamente, rodeado pela natureza. Árvores e um rio compõem o cenário, e o homem, vestido de maneira simples, demonstra estar acostumado com o que faz. Quando recolhe a rede de pesca, ele se surpreende ao perceber que fisgou um milhão de euros.

Significado geral: *Surpresa Consoladora* anuncia ganhos que, apesar de inesperados, são mérito de quem os recebe. Na imagem da carta, o homem foi pescar, levou uma rede, usou sua sabedoria e experiência e recebeu mais do que esperava. Houve esforço envolvido. Portanto, esta carta remete a ganhos inesperados que têm como base o esforço e a dedicação.

Se estiver **invertida**, representa um esforço infrutífero, que pode envolver incidentes que atrasam os retornos positivos. O consulente pode se sentir preso em uma situação de opressão, em que, por mais que se dedique, não é reconhecido e pode, ainda, se deparar com alguns obstáculos.

Profissional: a carta anuncia que o consulente pode contar com ganhos ou retornos inesperados. Revela um período de sorte, em que ele finalmente poderá colher os frutos de seu esforço. Se o consulente tiver projetos guardados, este é o momento perfeito para divulgá-los. Essa fase é ideal para semear algo que ele queira ver crescer no futuro. Além disso, a carta pode indicar que o consulente receberá um prêmio por sua produtividade.

Se estiver **invertida**, sugere que o consulente terá dificuldades em obter retornos pelos seus esforços: o reconhecimento pode demorar a chegar ou talvez nunca venha. Há, também, a possibilidade de perda de recompensas que estavam destinadas a ele.

Financeiro: esta carta anuncia negócios prósperos. O consulente pode contar com estabilidade e segurança nessa área da vida, e pode, ainda, receber ganhos inesperados.

Se estiver **invertida**, adverte que o consulente deve ter cuidado e prestar mais atenção aos negócios, pois os ganhos que ele espera podem não ser o que imagina.

Amor: em um relacionamento, esta carta revela harmonia, estabilidade e romance. Os sentimentos e a proximidade entre o casal podem crescer.

Caso o consulente esteja solteiro, anuncia a chegada de uma pessoa à sua vida, dando início a uma grande paixão.

Se estiver **invertida**, sinaliza que o consulente pode passar por desilusões com seu parceiro ou com alguém que possa chegar à sua vida. Ele deve evitar criar expectativas excessivas.

Saúde: surgimento de infecções. Recuperação melhor do que o esperado para qualquer doença.

Características pessoais: pessoa esforçada, dedicada e humilde.

Polaridade: positiva.

Combinações

Surpresa Consoladora é uma carta positiva, que anuncia que algo será melhor do que o esperado. É uma mudança positiva em um acontecimento futuro.

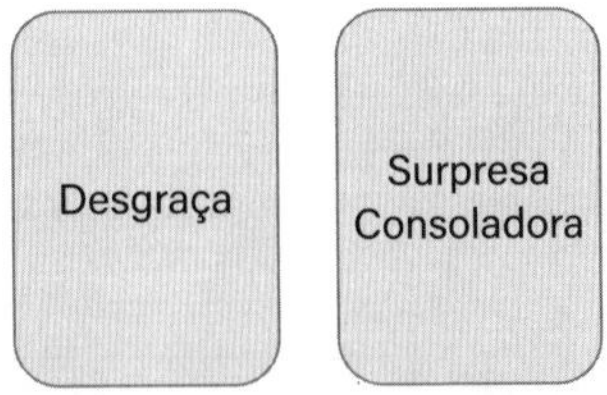

Proposta de interpretação: reconciliação surpreendente (*Surpresa Consoladora*) após uma discussão grave (*Desgraça*).

Proposta de interpretação: uma conversa entre várias pessoas (*Reunião*) conduz a um desfecho surpreendente (*Surpresa Consoladora*) de uma situação de dependência (*Prisão* invertida).

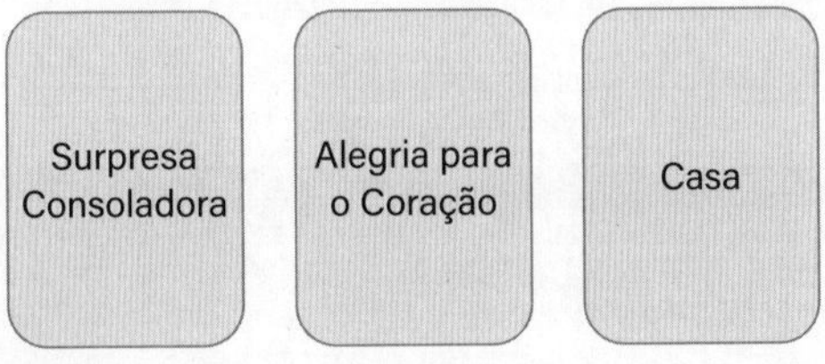

Proposta de interpretação: reconciliação familiar.

7. GRANDE CONSOLAÇÃO

Seus sonhos vão se concretizar.
Seus pensamentos, palavras, emoções e ações serão materializados no presente e no futuro.

Carta: 7 de Paus
Números da sorte: 66 e 32
Associação planetária: Júpiter

Palavras-chave: sucesso, realização de sonhos, objetivos, prosperidade, abundância, estabilidade, segurança, reconhecimento, reputação, ambição, fama.

Descrição: em um dia de primavera, um homem adormece em um banco, rodeado por uma paisagem natural. Suas roupas bem cuidadas revelam sua posição social. O sono o transporta para sonhos em que almeja um futuro melhor. Talvez sejam sonhos premonitórios ou desejos interiores. Os elementos da carta representam abundância, prosperidade e amor. Ao lado da árvore, que simboliza uma saúde forte, o Gato da Fortuna anuncia acontecimentos favoráveis.

Significado geral: representa sucesso e reconhecimento, e sinaliza que os sonhos podem se tornar realidade. Revela que uma ação positiva do passado será refletida em bons acontecimentos no presente. É uma carta com forte conexão com a Lei da Atração, que destaca o poder dos pensamentos, das ações e das palavras como cocriadores do presente e futuro.

Se a carta estiver **invertida**, sugere a incapacidade de concretizar objetivos, insatisfação, perda de ambição e sentimentos de ansiedade que prejudicam o bem-estar do consulente, bem como a concretização de seus objetivos.

Profissional: a carta indica que o sucesso e a realização de objetivos são possíveis. De forma otimista, o consulente poderá ver seus sonhos e ambições se tornarem realidade.

Caso o consulente tenha passado por uma fase menos positiva, pode indicar uma reversão desses acontecimentos, trazendo uma nova esperança.

Se **invertida**, a carta revela que o consulente está passando por uma fase de pessimismo, e a falta de sucesso traz desânimo. É fundamental mudar essa visão sobre a vida e adotar uma postura positiva para que a energia possa ser usada a seu favor.

Financeiro: esta carta sugere uma fase de estabilidade, segurança e conforto. Os negócios estão favorecidos e novas fontes de renda podem surgir. Para alcançar o sucesso nessa área, o consulente precisa apenas criar oportunidades e ser determinado e focado em seus objetivos.

Se a carta estiver **invertida**, adverte que o consulente deve ser especialmente cuidadoso com negócios, evitando investimentos. Além disso, é importante trabalhar o pessimismo e adotar uma postura mais otimista, enquanto cria condições para crescer financeiramente.

É essencial que o consulente reflita e reveja suas ambições e seus objetivos, para entender até que ponto fazem sentido para o seu projeto de vida. Talvez ele esteja fazendo escolhas erradas e se afastando do seu propósito.

Amor: se o consulente estiver em um relacionamento, esta carta revela que ele sente harmonia e um clima de romance com seu parceiro. Os sentimentos são sinceros, e ele pode estar vivendo o relacionamento dos seus sonhos.

Caso o consulente esteja solteiro, indica que a pessoa por quem ele tem sentimentos também sente o mesmo, o que pode levar ao início de um relacionamento.

Se estiver **invertida**, sinaliza que o consulente tem uma baixa autoestima e uma autoimagem negativa, o que pode levá-lo a adotar uma postura submissa em seus relacionamentos. É importante que ele tome consciência da energia que emite, pois isso resulta em relações desequilibradas.

Saúde: insônia, ataques de pânico e transtornos mentais.

Características pessoais: pessoa otimista, empreendedora e, em geral, determinada.

Polaridade: positiva.

Combinações

Grande Consolação é uma carta positiva, fortemente conectada com o poder da manifestação. Ela indica que os sonhos podem se tornar realidade. As cartas ao seu redor revelam a que área isso se aplica.

Proposta de interpretação: cura de uma doença.

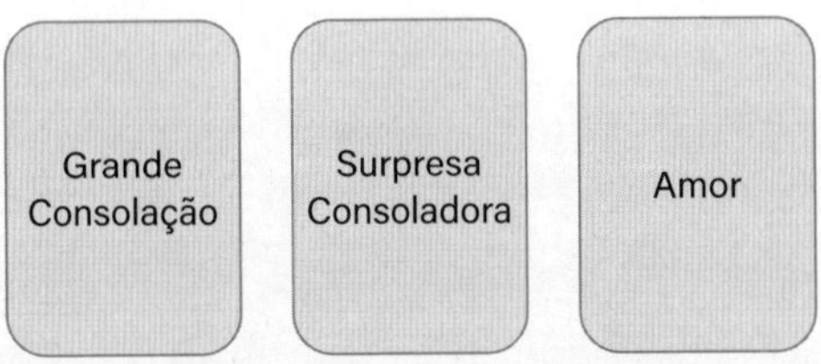

Proposta de interpretação: conhecer a alma gêmea.

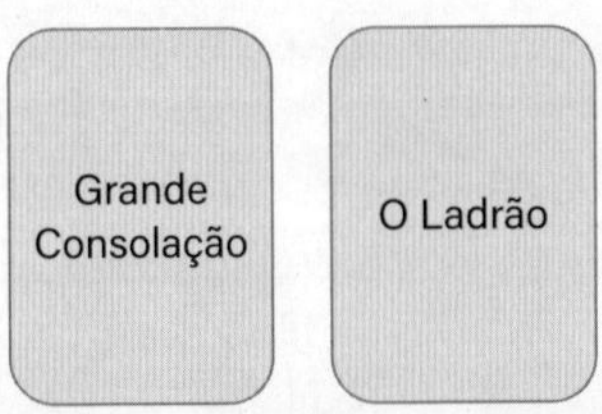

Proposta de interpretação: pessoa mal-intencionada (*O Ladrão*) coloca em ação um plano (*Grande Consolação*) para se apoderar de algo que não lhe pertence.

8. REUNIÃO

Alguém importante chegará para ajudar a resolver algo. Conte com o apoio dessa pessoa.

Carta: 8 de Paus
Números da sorte: 4 e 60
Associação luminar: Lua

Palavras-chave: reconciliação, harmonia, cooperação, auxílio, ajuda, apoio, encontro, reencontro, negociação, acordo.

Descrição: em um dia ensolarado, cercado por uma paisagem natural, um homem segura majestosamente uma mulher que parece cair. No peito de ambos, o coração se ilumina, simbolizando que é o amor que pode levar à resolução de qualquer situação difícil. Nesse encontro ou reencontro, os seus rostos se iluminam, transparecendo alívio, paz e harmonia.

Significado geral: a carta *Reunião* representa a chegada de alguém que vai auxiliar o consulente na resolução de algo. É mais que um simples apoio; é a proposta de uma solução que apaziguará um período de instabilidade, marcando o início de uma nova fase na vida do consulente.

Também pode indicar uma reconciliação ou a oportunidade de solucionar um assunto mal resolvido do passado. Além disso, esta carta tem uma ligação com questões legais.

Se estiver **invertida**, revela que o consulente se sente solitário, abandonado e apático. Podem surgir desentendimentos com alguém, como dificuldades em chegar a acordos e até um afastamento. Também pode contar que algo no passado teve um desfecho negativo e resultou na solidão do presente. Além disso, adverte que, caso alguém se aproxime do consulente, essa pessoa não tem boas intenções e pode gerar uma maior instabilidade.

Profissional: esta carta anuncia uma reunião ou um encontro em que alguém pode oferecer ajuda, apoio ou solucionar algum problema. Também pode se referir ao acontecimento. As cartas vizinhas ajudarão a fornecer mais detalhes.

Se estiver **invertida**, indica que o consulente pode ter dificuldade em encontrar a ajuda necessária para um problema específico. É possível que ele não consiga chegar a um acordo de que precisa.

Financeiro: *Reunião* revela a solução para um problema específico, que pode ser encontrada por meio de uma pessoa.

No âmbito legal, se o consulente estiver aguardando alguma resolução, indica que o desfecho pode ser favorável a ele.

Se a carta estiver **invertida**, sugere que o consulente se sentirá ansioso em relação a um problema específico e terá dificuldades para encontrar quem possa ajudá-lo. Caso o consulente esteja esperando pelo desfecho de um processo, aponta para complicações que podem levar a gastos inesperados.

Amor: se estiver em um relacionamento, a carta mostra que o consulente contará com o apoio do seu parceiro em uma fase mais instável da sua vida. Harmonia, companheirismo e apoio estarão presentes. Se no relacionamento houve um afastamento, anuncia uma reconciliação.

Caso o consulente esteja solteiro, pode indicar o retorno de alguém do seu passado, para que tudo seja resolvido e esclarecido. É possível que um relacionamento antigo seja reatado.

Se a carta estiver **invertida**, revela que o consulente está tendo dificuldade em se entender com seu parceiro e a conexão pode se perder. Há uma forte falta de empatia e de cumplicidade entre ambos.

Caso o consulente esteja solteiro, pode se sentir solitário e ter dificuldades para encontrar alguém para construir uma vida.

Saúde: insônia, ataques de pânico e transtornos mentais.

Características pessoais: pessoa conciliadora, mediadora e tranquila.

Polaridade: positiva.

Combinações

Reunião é uma carta positiva quando está na posição original. Ela indica compreensão, acordos e até mesmo uma reconciliação, caso tenha ocorrido uma ruptura.

Proposta de interpretação: após um período conturbado, devido a uma desconfiança de traição (*Desesperado por Ciúmes*), há um entendimento (*Reunião*) que traz uma fase romantismo (*Amor*).

Proposta de interpretação: entrevista de trabalho.

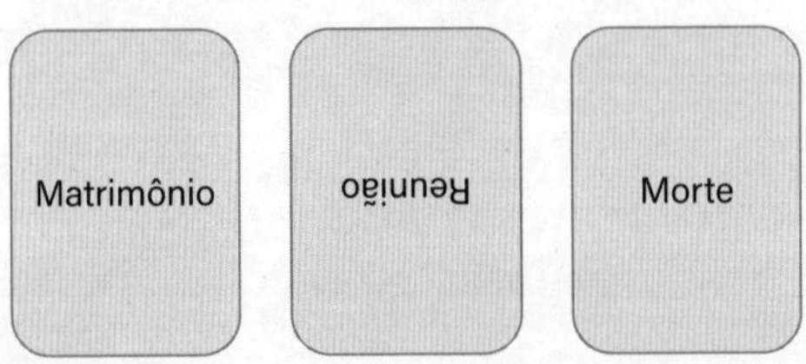

Proposta de interpretação: a falta de entendimento (*Reunião* invertida) leva ao fim de um contrato (*Matrimônio* + *Morte*).

9. ALEGRIA

Algo importante se concretizará e trará alegria. Compartilhe essa felicidade com as pessoas de quem você gosta.

Carta: 9 de Paus
Números da sorte: 87 e 31
Associação planetária: Urano

Palavras-chave: alegria, satisfação, sucesso, concretização, felicidade, celebração, festejo, sorte, companhia.

Descrição: o clima é de festa, partilha e fartura. O ambiente lembra uma taberna. No centro, um homem se destaca, com a felicidade estampada no rosto. Ele pode estar celebrando algo ou simplesmente aproveitando a companhia de seus amigos. O homem brinda com um copo de vinho, que simboliza a abundância e a prosperidade em todas as suas formas. Ele está rodeado de pessoas que também estão ali para aproveitar o momento. A alegria simples e genuína impera, trazendo a mensagem de que a felicidade é feita de pequenos momentos e da sabedoria de aproveitar o presente.

Significado geral: *Alegria* anuncia momentos felizes, a concretização de sonhos e objetivos, culminando na celebração dessas conquistas. Ela também pode revelar um casamento ou um nascimento, férias, uma graduação, entre outros momentos de celebração.

Se a carta estiver **invertida**, passa a representar desilusões, falsas expectativas, preocupações e objetivos difíceis de alcançar. O companheirismo se transforma em inimizade, revelando que o consulente vive em um ambiente no qual não deve confiar nas pessoas ao seu redor.

O vinho, representado na imagem desta carta na posição invertida, se torna um alerta para o alcoolismo e o consumo de substâncias ilícitas. Além disso, pode indicar falta de discernimento, comportamentos desajustados, atitudes irresponsáveis e egocentrismo.

Profissional: a carta anuncia uma fase positiva, com a concretização plena dos objetivos. Pode ocorrer uma progressão na carreira, um prêmio por produtividade ou até um novo emprego. A autoconfiança está presente. O ambiente é positivo e inspira confiança nas pessoas que estão ao redor do consulente.

Se estiver **invertida**, indica que o consulente pode estar se sentindo desorientado em seu ambiente de trabalho, tendo dificuldades em cumprir os seus objetivos. Além disso, não deve confiar nas pessoas ao seu redor.

Financeiro: esta carta anuncia uma fase estável, que permitirá ao consulente aproveitar sua vida sem preocupações financeiras. Ele pode receber um prêmio em dinheiro e, além disso, os negócios serão prósperos.

Com a carta **invertida**, a interpretação é de que o consulente pode estar se sentindo instável financeiramente, precisando fazer um esforço adicional para equilibrar as suas finanças. Compras impulsivas e má gestão financeira podem colocá-lo em uma situação delicada.

Amor: em um relacionamento, a carta indica que o consulente viverá uma fase feliz a dois. Esta carta também pode anunciar férias, uma celebração ou, simplesmente, momentos de diversão de forma geral.

Caso o consulente esteja solteiro, pode revelar uma oportunidade de conhecer alguém novo em um encontro de amigos. Pode indicar uma amizade colorida, um relacionamento breve, uma conexão que, com o tempo, pode evoluir para um compromisso. No entanto, esta carta pode definir apenas como um momento de alegria e romance.

Quando **invertida**, indica que o consulente pode se sentir desorientado em sua vida amorosa. Se ele estiver em um relacionamento, podem ocorrer traições e comportamentos desajustados. Caso esteja solteiro, a carta aponta para comportamento leviano, sexualidade desregrada e baixa autoestima.

Saúde: fragilidades nos dentes, na boca e nos ouvidos.

Características pessoais: pessoa extrovertida, brincalhona e apreciadora da vida.

Polaridade: positiva.

Combinações

Alegria é uma carta positiva quando está na posição original. Ela anuncia um momento feliz, embora não necessariamente duradouro.

Proposta de interpretação: viagem com momentos de alegria.

Proposta de interpretação: superação (*Alegria*) de uma fase de instabilidade emocional (*Suspiros*) com a ajuda de uma pessoa amiga (*Amiga*).

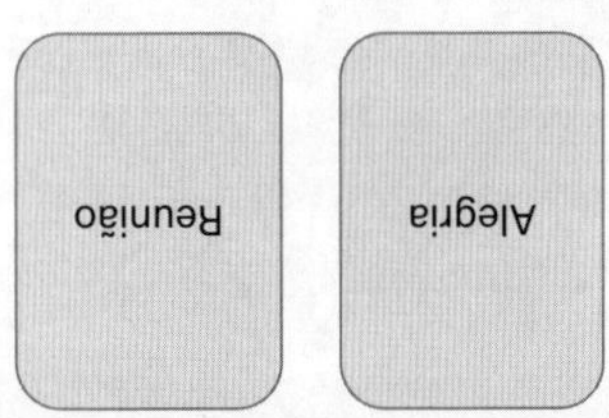

Proposta de interpretação: dificuldades de entendimento (*Reunião* invertida) resultam em tristeza (*Alegria* invertida).

10. LEVEZA

Reflita sobre seus comportamentos e atitudes antes de agir.
Foque sua atenção no que é realmente importante.

Carta: 10 de Paus
Números da sorte: 50 e 15
Associação planetária: Mercúrio

Palavras-chave: leveza, frivolidade, rapidez, mente frágil, imprudência, futilidade, instabilidade, superficialidade, imprudência, leviandade, impulsividade.

Descrição: uma bela borboleta com asas coloridas em tons de rosa e amarelo pousa sobre um lírio branco. A cor rosa domina as asas, remetendo aos sonhos, enquanto o amarelo, na base, sinaliza que a sabedoria é o pilar para a concretização dos desejos. Os lírios simbolizam a conexão desta carta ao mundo espiritual e são muito encontrados em diversos baralhos de tarô e Lenormand. A água na lateral da imagem remete a um momento em que as emoções estarão presentes. O céu claro, mas neutro, revela, por fim, a forte imparcialidade desta carta.

Significado geral: *Leveza* traz leveza às cartas ao seu redor, diminuindo seu impacto, seja ele positivo ou negativo. Se estiver próxima de um acontecimento positivo, ela diminui sua importância, tornando-o menos significativo. Caso esteja próxima de um acontecimento negativo, suaviza seu impacto, deixando-o mais favorável.

Esta carta também revela comportamentos e atitudes imprudentes, que podem trazer sérias consequências. A deslealdade e a leviandade estão presentes.

Pela sua conexão com o elemento ar, pode também indicar uma viagem ao exterior ou contatos com pessoas em outro país.

Se a carta estiver **invertida,** assume uma conotação positiva, revelando que a pessoa que teve comportamentos incorretos aprendeu e está, agora, consciente e preparada para mudar e, se possível, corrigir os erros do passado. Além disso, pode remeter a um momento de sorte, sendo um bom presságio para qualquer acontecimento.

Profissional: a carta indica que os acontecimentos, sejam eles positivos ou negativos, não têm grande importância. Ela também alerta para comportamentos impulsivos e irresponsáveis, sugerindo que o consulente adote uma atitude mais ponderada e preste atenção aos detalhes. Ele pode se sentir desorientado em sua atividade profissional.

Devido à sua conexão com o elemento ar, esta carta pode indicar expansão e comunicação.

Se estiver **invertida**, pode revelar um passado com vários erros no campo profissional, dos quais o consulente já tomou consciência, levando ao seu crescimento. A experiência o tornou uma pessoa mais preparada para construir um caminho de sucesso.

Financeiro: *Leveza* revela alguns gastos desnecessários, que podem colocar em risco a estabilidade financeira do consulente. Compras impulsivas e pouco conscientes podem trazer consequências sérias.

A carta **invertida** indica que o consulente tomou consciência desse comportamento que pode ter sido prejudicial à sua saúde financeira, e está disposto a mudar e encontrar estabilidade em suas finanças. A sorte está ao lado do consulente, portanto, é um bom momento para negócios.

Amor: em um relacionamento, *Leveza* revela falta de estabilidade e profundidade nos sentimentos. O consulente pode se sentir pouco ou nada apaixonado, e as dúvidas podem levá-lo a começar a questionar a relação. A falta de atração e interesse sexual pode resultar em um afastamento.

Esta carta também pode indicar a possibilidade de um relacionamento extraconjugal, motivado pela falta de interesse do consulente pelo seu parceiro.

Caso o consulente esteja solteiro, *Leveza* revela comportamentos impulsivos e imaturos que podem levá-lo a se relacionar de forma leviana com uma ou mais pessoas. Ele deve ser prudente, para que não faça algo de que possa se arrepender mais tarde.

Se estiver **invertida**, a carta sugere que o consulente tomou consciência de seus comportamentos e atitudes do passado e deseja evoluir.

Saúde: dificuldades de atenção e concentração. Alterações bruscas de humor. Devido à sua conexão com o elemento ar, esta carta também pode indicar problemas respiratórios.

Características pessoais: pessoa impulsiva, despreocupada, imprudente e desatenta.

Polaridade: neutra.

Combinações

Leveza é uma carta neutra, mas que influencia as cartas ao seu redor, lhes conferindo mais rapidez, mas também superficialidade e instabilidade.

Proposta de interpretação: doença de pouca importância. A cura será rápida. Devido à conexão da carta com o elemento ar, pode se tratar de uma infecção respiratória.

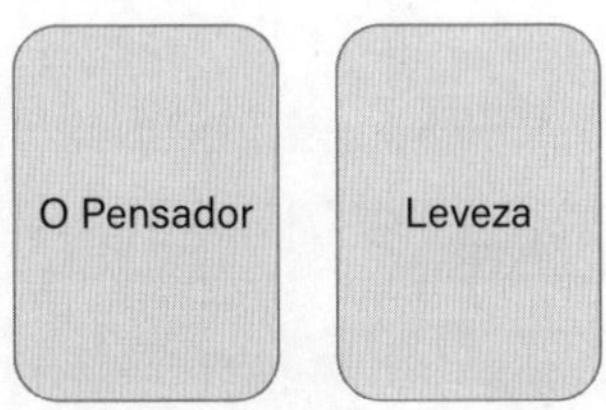

Proposta de interpretação: dor de cabeça leve.

Proposta de interpretação: viagem de avião.

11. SERVIÇAL

Uma pessoa leal e próxima pode ser fundamental para resolver uma situação difícil.

Carta: 11 de Paus
Números da sorte: Não atribuídos
Associação planetária: Vênus

Palavras-chave: amigo, filho, namorado, irmão, humildade, intimista, confiança, esforço, dedicação, lealdade.

Descrição: em uma casa, um homem de uniforme, com espanador e pano na mão, realiza suas tarefas domésticas. O ambiente ao redor é confortável e acolhedor, trazendo uma energia de intimidade e tranquilidade. Tudo está arrumado e organizado. Um espelho reflete o rosto do homem, revelando que ele não tem receio de se mostrar ao mundo, pois nada esconde.

Significado geral: *Serviçal* pode representar um amigo, filho, irmão, namorado ou outra pessoa próxima do consulente. É alguém que faz parte do seu dia a dia e conhece seus hábitos. Esse homem pode ser jovem, ter menos de 30 anos, ou ser alguém mais velho, mas com espírito jovem.

Embora esta carta esteja associada a uma figura masculina, também pode se referir a uma mulher. Essa pessoa é leal, humilde e de confiança, e está próxima do consulente. O fato de o homem na carta se encontrar dentro de uma casa significa que ela sempre aponta para alguém que faz parte da sua rotina.

Se esta carta não representar uma pessoa específica, ela traz qualidades positivas aos acontecimentos, como tranquilidade, confiabilidade, confiança, dedicação e esforço.

Quando **invertida**, *Serviçal* indica que a pessoa representada está junto ao consulente com o objetivo de obter algum benefício. Por ser próxima, essa pessoa pode conhecer a rotina e os segredos do consulente, e pode usar essas informações a seu favor, o prejudicando. Além disso, as desilusões podem gerar mágoas profundas, instabilidade e sofrimento. Nessa posição, também adverte para problemas e bloqueios que podem estar relacionados a informações secretas que podem ser reveladas. E pode, ainda, representar um jovem com poucos princípios, atitude egocêntrica e facilidade para se envolver no mundo do crime e das drogas.

Profissional: a carta indica que o consulente pode contar com o apoio, o esforço e a dedicação de uma pessoa próxima. A lealdade e a humildade estão presentes, o que permitirá que sua atividade profissional evolua de forma positiva, ainda que com bastante esforço e empenho.

Se estiver **invertida**, sugere que o consulente está compartilhando seu dia a dia com alguém que não é de confiança. Essa pessoa está buscando conhecimento e experiência para, mais tarde, usar essas informações a seu favor, mesmo que isso prejudique outras pessoas.

Financeiro: esta carta indica uma parceria ou um negócio com alguém próximo. O desfecho será positivo, ainda que com retornos modestos. A pessoa com quem o consulente está lidando é de plena confiança.

Se a carta estiver **invertida**, sugere que o consulente pode ser prejudicado por uma pessoa com quem terá algum negócio ou parceria. Essa pessoa é bastante próxima dele, e tentará tirar a maior vantagem possível da situação, sem se preocupar com os danos que pode causar.

Amor: em um relacionamento, a carta aponta que o consulente viverá uma fase tranquila, com dedicação da pessoa amada.

Caso o consulente esteja solteiro, revela a aproximação de alguém de confiança e com sentimentos sinceros. Sua postura é humilde e dedicada.

Se a carta estiver **invertida**, indica que o consulente pode estar em um relacionamento de fachada, com uma pessoa falsa e dissimulada. Pode ocorrer uma traição. Caso o consulente esteja solteiro, indica a aproximação de uma pessoa com intenções pouco sérias. Pode ser alguém irresponsável e que vive relacionamentos de forma leviana.

Saúde: fragilidades emocionais, como depressão e ansiedade.

Características pessoais: pessoa humilde, dedicada e esforçada.

Polaridade: positiva.

Combinações

Serviçal representa uma pessoa conhecida pelo consulente. As cartas ao seu redor trarão mais informações sobre a sua personalidade.

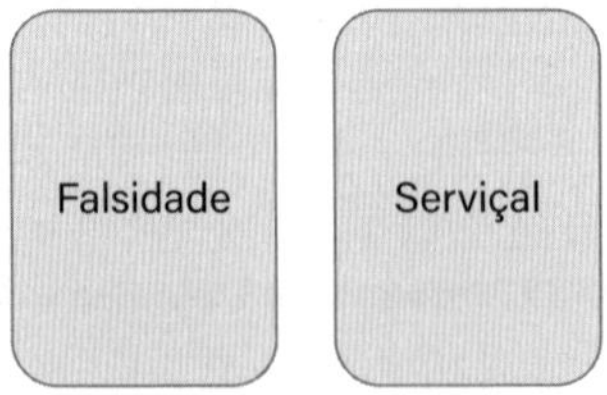

Proposta de interpretação: um homem que não é de confiança.

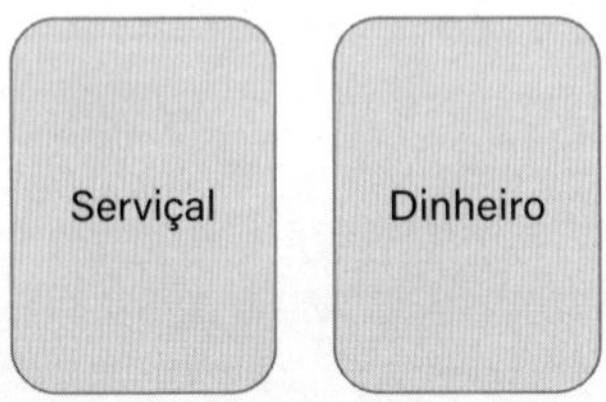

Proposta de interpretação: um homem que se encontra em uma situação financeira estável.

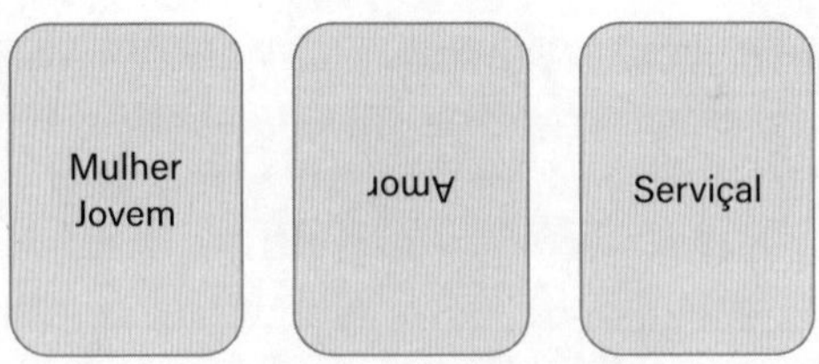

Proposta de interpretação: amor não correspondido.

12. MULHER JOVEM

Seu ambiente externo está criando uma vulnerabilidade que coloca sua autoconfiança em risco. Fortaleça-se e não permita que isso aconteça.

Carta: 12 de Paus
Números da sorte: 20 e 81
Associação planetária: Vênus

Palavras-chave: mulher, namorada, aflição, inconstância, fragilidade, lealdade, dedicação, humildade, honestidade, generosidade, discrição.

Descrição: uma jovem mulher, com semblante preocupado, caminha lentamente ao longo do lado interno de um muro. Ela está vestida de verde, simbolizando seu caráter generoso e sensível. Sua capa tem um capuz, que é usado num gesto de proteção, como se quisesse passar despercebida. Ao mesmo tempo, ela se abraça, revelando sua necessidade de carinho e uma faceta tímida e frágil.

Ao seu redor, um muro alto dificulta que pessoas do lado de fora vejam seu interior. No entanto, ela pode ver a área externa, reforçando sua necessidade de se sentir protegida.

Os vasos com lírios brancos conectam esta carta à espiritualidade, à pureza e ao romantismo.

Significado geral: *Mulher Jovem* representa uma mulher com menos de 30 anos ou uma mulher mais velha com espírito jovem. Pode ser uma namorada, irmã, prima, amiga ou simplesmente uma figura feminina. Ela é tímida, ingênua e transparente em suas intenções, o que pode torná-la vulnerável em certos contextos. O ambiente tem uma forte influência nessa mulher, seja positiva ou negativa, o que se reflete em sua necessidade de proteção.

Devido à conexão da carta com a espiritualidade, ela indica que a pessoa em questão pode ser sensitiva, e que já tem ou pode vir a desenvolver uma forte ligação com o mundo espiritual.

Se a carta estiver **invertida**, revela que a mulher representada está vivendo uma fase de tristeza e instabilidade emocional, marcada por preocupações, ansiedade e tensão. Sua autoestima e autoconfiança estão abaladas, e, por isso, ela precisa de orientação. Essa mulher toma atitudes impulsivas, guiadas mais pelas emoções e menos pelo lado racional. Pode ter tendência ao isolamento.

Profissional: esta carta pode marcar o início de um novo projeto. Também pode remeter à presença de uma mulher leal, sincera e honesta no trabalho.

Se a carta estiver **invertida**, adverte que uma mulher próxima do consulente revelará imaturidade, instabilidade e inconsistência nas suas tarefas diárias, podendo prejudicá-lo em sua atividade profissional.

Financeiro: *Mulher Jovem* pode indicar o início de um investimento promissor, com forte presença de sinceridade e transparência. No entanto, a carta também revela ingenuidade e imaturidade, alertando para a necessidade de analisar tudo cuidadosamente. Além disso, pode representar uma mulher bem-intencionada.

A carta **invertida** adverte que a impulsividade na gestão financeira pode resultar em maus investimentos, dívidas e até mesmo no risco de ser enganado por outras pessoas. O consulente pode ter dificuldade em gerir suas economias, gastando mais do que pode. Além disso, a carta pode alertar para a presença de uma mulher capaz de trazer problemas financeiros.

Amor: em um relacionamento, a carta sugere que a lealdade, a sinceridade e o clima de romance estão presentes. Pode indicar, também, que a relação está no início e os parceiros ainda sentem "borboletas no estômago".

Caso o consulente esteja solteiro, a carta indica a possibilidade de iniciar um relacionamento que trará alegria.

Quando **invertida**, alerta que o relacionamento passará por uma fase de instabilidade, causada por insegurança, obsessão e ciúmes. Se o consulente estiver solteiro, revela que sua autoestima e autoconfiança estão abaladas, e ele perdeu a fé em encontrar o amor. Como resultado, ele atrai um padrão de pessoas que, a cada novo relacionamento, o fazem se sentir pior.

Saúde: doenças sazonais e perturbações emocionais. Acne.

Características pessoais: pessoa tímida, leal e ingênua.

Polaridade: positiva.

Combinações

Mulher Jovem representa uma pessoa tímida, recatada e jovem. As cartas ao seu redor fornecerão mais detalhes a respeito de sua personalidade.

Proposta de interpretação: mulher jovem e estável, que gosta de ficar em casa.

Proposta de interpretação: mulher vaidosa.

Proposta de interpretação: mulher infiel.

13. DOUTOR

Você precisará de auxílio especializado
para alcançar a estabilidade necessária.
Não hesite em pedir ajuda.

Carta: 13 de Paus
Números da sorte: 75 e 44
Associação planetária: Júpiter

Palavras-chave: auxílio, apoio, ajuda, competência, conselho, solução, progresso, profissional, especialista.

Descrição: em um quarto, uma mulher está moribunda na cama. Um homem, com um estetoscópio ao redor do pescoço, parece ser um médico. Ele segura a mão e o pulso da mulher, como se examinasse seu estado de saúde. Sua atenção é total, e ele está completamente empenhado em fazer essa mulher melhorar. Na parede verde, um quadro com uma paisagem natural simboliza mudanças positivas e a cura.

Significado geral: na ilustração, a carta *Doutor* é representada por um homem, mas ela também pode se referir a uma mulher, que vem oferecer ajuda e proteção a alguém em necessidade. Essa pessoa ocupa uma posição de superioridade, pois detém os conhecimentos necessários para ajudar o consulente, que está passando por uma fase difícil. Sua postura é de apoio, demonstrando total preparo para a situação.

Essa pessoa pode ser um advogado, juiz, médico, padre, professor, terapeuta, psicólogo ou qualquer profissão que possa fornecer uma resposta eficaz e auxílio ao consulente. Há uma necessidade urgente de ajuda.

A carta também alerta o consulente para a necessidade de mudança de atitude e comportamentos. Para atrair um futuro melhor, ele deve manter uma vibração positiva, ser otimista, ter fé, seguir seus sonhos e buscar mais equilíbrio interior.

Essa pessoa ajudará o consulente, mas ele terá que se esforçar para mudar essa situação e evitar que ela se repita no futuro.

Se a carta estiver **invertida**, a pessoa representada ainda está em uma posição de poder, tornando o consulente vulnerável às suas decisões. No entanto, tem intenções maliciosas e um comportamento egocêntrico, usando seu poder de forma exagerada e imprudente. Essa pessoa está se preparando para tornar a vida do consulente mais difícil, então é aconselhável que ele aja com prudência.

Profissional: esta carta indica que o consulente está passando por uma fase difícil e se sente bloqueado e impotente diante de uma ou mais situações. Contudo, ele contará com a ajuda de alguém com os conhecimentos necessários para superar a situação de forma positiva.

Se a carta estiver **invertida**, revela que o consulente se encontra em uma situação complicada e tensa em sua vida profissional e se sente incapaz de encontrar soluções eficazes. Ele deve estar atento à aproximação de alguém que se oferece para ajudar, pois essa pessoa pode ser inapta para fazer isso, cometendo erros ou até tentando prejudicá-lo de forma intencional.

Financeiro: *Doutor* indica a presença de uma pessoa capaz de dar o apoio financeiro adequado à situação em questão. Pode ser um investidor, alguém com quem o consulente fará um negócio, alguém que o apoie financeiramente ou até mesmo um banco que aprove a concessão de um empréstimo ou investimento.

A carta **invertida** sugere que o consulente pode ser mal orientado por alguém, o que pode resultar em perdas financeiras ou na realização de contratos e negócios desastrosos.

Amor: em um relacionamento, esta carta revela que uma das pessoas do casal, seja homem ou mulher, procura "prender" o outro, adotando uma postura de vitimização para conseguir o que quer. Por outro lado, também pode indicar que um dos parceiros cuida do outro e o protege.

Caso o consulente esteja solteiro, revela que ele se sente pouco otimista em relação ao amor, pois as desilusões do passado trouxeram muita tristeza. No entanto, a carta prevê a aproximação de alguém que o ajudará a sair dessa situação.

Se estiver **invertida**, sugere que o consulente pode viver uma relação obsessiva, em que uma pessoa tenta manipular a outra, seja por ciúmes ou insegurança. É possível que essa dinâmica crie isolamento com relação ao mundo exterior, afastando o consulente de familiares e amigos.

Saúde: necessidade de procurar um médico.

Características pessoais: pessoa solícita, culta e segura.

Polaridade: neutra.

Combinações

A carta *Doutor* representa um profissional especializado, que ajudará o consulente de forma positiva. No entanto, essa ajuda só será benéfica se a carta estiver em sua posição original.

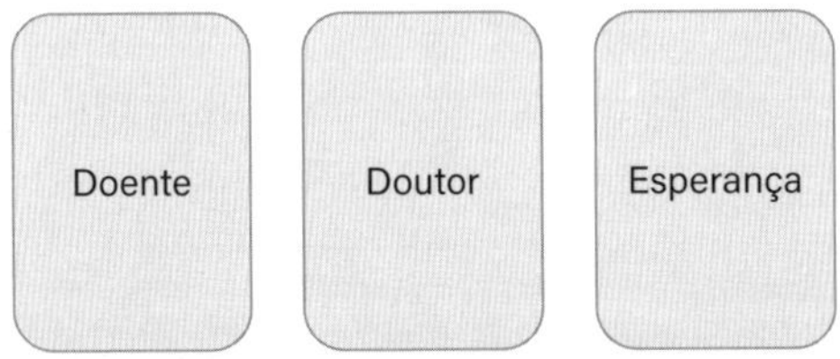

Proposta de interpretação: recuperação do estado de saúde (*Doente* + *Esperança*) com a ajuda de um médico.

Proposta de interpretação: um contador incompetente leva um negócio à ruína.

Proposta de interpretação: chegada (*Mirante*) de um contrato (*Matrimônio*) há muito aguardado por um advogado (*Doutor*).

Naipe de Espadas

O naipe de Espadas representa o elemento Ar e é, sem dúvida, o naipe mais sombrio deste baralho. É dominante, o que faz com que suas cartas influenciem significativamente as outras com as quais se combinam.

Este naipe remete à dor, ao sofrimento, à agressividade, a inimigos, à forte instabilidade emocional, a medos, desilusões, comportamentos desesperadores e perdas dolorosas. No entanto, o grau de negatividade pode variar, representando desde acontecimentos com algumas desilusões até situações profundamente desastrosas.

Porém, em casos muito específicos, os acontecimentos marcados por estas cartas são interpretados de forma positiva e podem até representar momentos maravilhosos, como uma gravidez ou um nascimento.

1. TRISTEZA

Os desdobramentos de uma má notícia podem levá-lo ao desespero. Busque a paz interior.

Carta: Ás de Espadas
Números da sorte: 9 e 64
Associação planetária: Saturno

Palavras-chave: desespero, instabilidade, descontrole, desilusão, má notícia, discórdia, perda, tristeza, desânimo, dificuldades.

Descrição: uma mulher em uma sala acaba de receber uma má notícia. A mensagem está escrita em uma carta que ela segura nas mãos. Seu desespero é visível: lágrimas escorrem pelo rosto e sua postura abatida revela um momento de angústia. Sem saber como reagir, ela cruza os braços, demonstrando inércia diante da situação. Ao seu lado, uma cadeira derrubada intensifica a dramaticidade da cena. Sobre a mesa, xícaras e um bule sugerem que havia um ambiente harmonioso antes da chegada da notícia, que provavelmente veio de forma inesperada. A mulher está sozinha na sala, sem ninguém para apoiá-la.

Significado geral: esta carta indica a chegada de uma má notícia, que pode levar o consulente ao desespero e à frustração. Ela sugere uma fase delicada, marcada por grande instabilidade emocional devido a essa mensagem inesperada. As cartas ao redor ajudarão a determinar a gravidade do problema.

De modo geral, esta carta anuncia insucesso, dificuldades na realização de projetos, além de bloqueios e insatisfação.

Se estiver **invertida**, indica que o consulente deve se preparar para uma fase difícil, mas que será superada com sucesso. Esta carta diz que, apesar das adversidades, ele terá a sabedoria e a perseverança necessárias para alcançar o sucesso. Também pode anunciar o fim de um período de dor e sofrimento, dando início a uma fase de sucesso.

Profissional: a carta *Tristeza* sugere a chegada de uma má notícia, que pode gerar um momento de desespero. O consulente deve estar ciente de que não contará com apoio externo e precisará confiar em si mesmo para superar essa fase.

Se estiver **invertida**, revela que o consulente se dedica intensamente ao trabalho e que seus esforços serão recompensados. O empenho, a dedicação e a perseverança são fundamentais para o seu sucesso. No entanto, ele pode sentir que atingir seus objetivos exigirá um grande esforço.

Financeiro: *Tristeza* indica a chegada de uma notícia negativa nessa área. Pode se referir à recusa de um empréstimo, a uma despesa inesperada, à instabilidade financeira ou até mesmo à insolvência. Qualquer que seja o teor da notícia, ela trará desespero e desorientação ao consulente.

Se estiver **invertida**, a carta revela que o consulente conseguirá superar os obstáculos financeiros e será bem-sucedido. Os investimentos trarão retornos positivos.

Amor: a carta sugere que um relacionamento passará por uma fase de muita instabilidade, e pode até haver violência. Há graves dificuldades de comunicação entre os parceiros, resultando em mal-entendidos frequentes. O casal tem grande dificuldade de pensar como unidade e definir um caminho conjunto, o que pode levar a uma separação.

Caso o consulente esteja solteiro, a carta sinaliza que ele está vivendo uma fase de desorientação, depressão e desespero. Ele pode se aproximar de alguém de forma impulsiva, mas será rejeitado.

Se a carta estiver **invertida**, indica que o consulente vivenciará um relacionamento de intensidade sexual, com paixão e atração.

Saúde: depressão, transtornos mentais e emocionais. Perda de energia.

Características pessoais: pessoa sensível, pessimista e depressiva.

Polaridade: negativa.

Combinações

A carta *Tristeza* anuncia a chegada de uma notícia negativa, que pode gerar um momento de grande instabilidade emocional.

Proposta de interpretação: chegada (*A Carta*) de uma notícia triste (*Tristeza*) sobre um amigo (*Amiga*).

Proposta de interpretação: um término (*Matrimônio* + *Morte*) traumático (*Tristeza*).

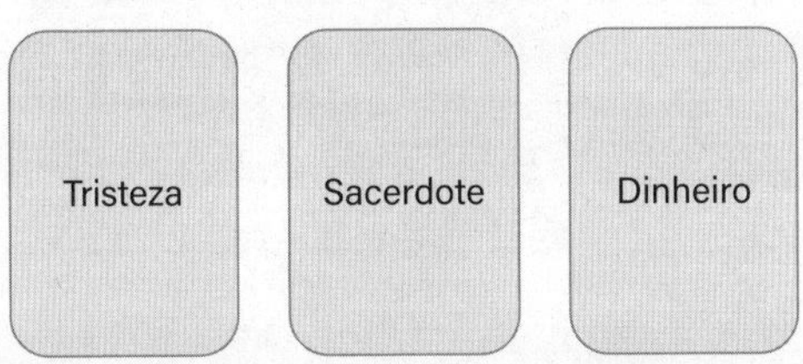

Proposta de interpretação: multa.

2. VELHA SENHORA

Voltar a um padrão antigo pode levá-lo a reviver experiências das quais você deseja se libertar. Se quer um presente e um futuro diferentes, é preciso agir de outra forma.

Carta: 2 de Espadas
Números da sorte: Não atribuídos
Associação planetária: Júpiter

Palavras-chave: velhos hábitos, padrões, crenças, estabilidade, tradição, retorno ao passado, resistência ao longo do tempo, conselho, sabedoria, mulher velha.

Descrição: em uma sala, uma mulher idosa, vestida com roupas escuras, está sentada em uma poltrona. Ao fundo, um quadro de natureza morta remete a tempos antigos. Diversos elementos no ambiente revelam sua forte conexão com o passado. Seu rosto expressa sabedoria, costumes antigos e a serenidade de alguém que já não tem pressa.

Significado geral: *Velha Senhora* pode representar uma mulher com mais de 60 anos ou alguém com maturidade e experiência de vida. Pode ser uma tia, avó, vizinha ou qualquer outra pessoa próxima. As cartas ao seu redor fornecerão detalhes sobre sua personalidade. Essa mulher dá conselhos e acolhe o consulente de forma familiar.

Se não estiver relacionada a uma pessoa específica, a carta indica sabedoria e bons conselhos, mas também pode revelar crenças ultrapassadas e a repetição de padrões e hábitos. Além disso, sugere que projetos antigos, antes abandonados, podem voltar a ganhar espaço no presente.

Se estiver **invertida,** *Velha Senhora* pode representar uma figura que não é de confiança. Intrometida e presa ao passado, usa sua sabedoria para prejudicar deliberadamente os outros. Além disso, dá maus conselhos para benefício próprio e busca controlar o consulente. Seu comportamento egoísta prejudica as pessoas ao seu redor. A carta também pode sugerir que essa pessoa está lidando com problemas de saúde mental. Também pode representar alguém que pratica bruxaria com intenções negativas.

Profissional: *Velha Senhora* indica que, agora, o consulente pode contar com a sabedoria adquirida pela experiência para ser bem-sucedido. Algum projeto do passado pode ter um desfecho positivo.

Também pode apontar para um ambiente profissional familiar, como uma empresa da família. Além disso, os conselhos de alguém mais velho podem ser valiosos neste momento.

Se **invertida**, a carta revela que hábitos e crenças ultrapassados podem estar prejudicando a vida profissional do consulente. É essencial que ele faça uma autoanálise e adote as mudanças necessárias para se renovar.

Financeiro: *Velha Senhora* indica estabilidade e negócios familiares. Os hábitos de poupança estão presentes, permitindo que o consulente tenha uma vida confortável.

A carta **invertida** alerta que o consulente pode fazer investimentos que perderão valor. Sua gestão financeira, baseada em hábitos ultrapassados, pode resultar em prejuízos nessa área.

Amor: a carta indica um relacionamento sólido e seguro. Há uma forte conexão espiritual entre os parceiros, remetendo a vidas passadas. No entanto, as crenças do passado podem fazer com que a relação tenha perdido o elemento de surpresa, o namoro e a paixão. Pode ser uma relação com deveres e bons costumes, mas que, por isso, também pode ser aprisionadora, comprometendo novas experiências.

Caso o consulente esteja solteiro, *Velha Senhora* sugere que ele ainda está preso a hábitos, sentimentos e crenças do passado. É fundamental que ele realize um trabalho interior para se renovar.

Se estiver **invertida**, a carta indica um ambiente familiar nocivo para o relacionamento, podendo até mesmo levar à separação. Uma mulher mais velha pode estar causando instabilidade entre os parceiros devido à sua intromissão.

Velha Senhora também pode revelar que os hábitos, comportamentos e atitudes do passado estão impactando negativamente a vida amorosa do consulente

Saúde: problemas relacionados ao envelhecimento, como artrite, reumatismo, osteoporose, esterilidade. Também indica longevidade.

Características pessoais: pessoa sábia, ponderada e conservadora.

Polaridade: neutra.

Combinações

Velha Senhora representa uma pessoa mais velha e sábia que faz parte da vida do consulente. As cartas ao redor podem oferecer detalhes sobre sua personalidade e revelar como ela o influencia. Caso não esteja relacionada a uma pessoa específica, simboliza permanência e resistência ao longo do tempo.

Proposta de interpretação: mulher idosa que faz parte da família.

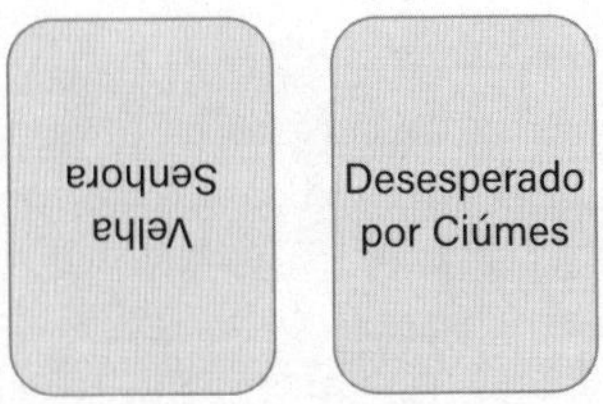

Proposta de interpretação: mulher invejosa que pode estar envolvida em práticas de bruxaria com intenções negativas.

Proposta de interpretação: mulher idosa doente (*Velha Senhora* + *Doente*), com sinais de perda de memória (*Dinheiro*).

3. O VIÚVO

Você pode passar por um momento de instabilidade causado por uma perda ou ruptura. Permita-se viver o luto, mas siga em frente.

Carta: 3 de Espadas
Números da sorte: 48 e 36
Associação planetária: Plutão

Palavras-chave: perda, dor, ruptura, estagnação, solidão, introspecção, luto, tristeza, sofrimento.

Descrição: em uma noite de céu escuro e algumas nuvens, um homem de semblante carregado está diante de um túmulo, como se ele se despedisse do corpo que ali encontrou sua última morada. As roupas pretas sugerem que o homem é um viúvo, que visita a esposa que já não está neste plano.

Os lírios sobre o túmulo, assim como o anjo e o crucifixo, remetem à espiritualidade da carta, ao mesmo tempo que reforçam a ideia do fim.

Significado geral: a carta *O Viúvo* pode representar um homem com mais de 60 anos que, embora não seja necessariamente viúvo, pode ser divorciado ou solteiro. É uma pessoa solitária, refletindo o tom melancólico desta carta. O olhar do viúvo está voltado para a carta que revela a perda.

A carta indica uma perda, uma ruptura ou o fim de algo que pode ter ocorrido há algum tempo, afinal, o túmulo já se encontra pronto. Isso sugere um sofrimento prolongado. Trata-se de uma perda irreversível.

Se estiver **invertida**, a carga dramática do acontecimento se intensifica, tornando-o ainda mais doloroso e solitário, podendo levar a transtornos mentais e emocionais.

Profissional: a carta anuncia o encerramento de um ciclo – pode ser uma demissão, a conclusão de um projeto ou até erros que resultam em fracasso e, consequentemente, levam a um desfecho inevitável.

Quando **invertida**, sugere que as perdas nesse âmbito podem ser mais intensas, decorrendo de erros graves e trazendo consequências sérias para o consulente.

Financeiro: O *Viúvo* indica perdas financeiras, negócios falidos, dificuldade para quitar empréstimos e até insolvência.

A carta **invertida** revela uma situação financeira extremamente instável, com dívidas e prejuízos que podem deixar o consulente desorientado. Além disso, uma gestão financeira desorganizada pode agravar ainda mais o problema.

Amor: esta carta indica que um relacionamento pode estar passando por uma fase difícil e prolongada. É possível que já tenha chegado ao fim, embora o consulente não esteja preparado para aceitar esse desfecho definitivo. Pode indicar separação, divórcio ou viuvez.

Caso o consulente esteja solteiro, a carta sugere que ele ainda pode estar vivenciando a dor de um término ou afastamento do passado. A solidão se tornou um fardo em sua vida.

A carta **invertida** pode indicar que essa dor será ainda mais difícil de superar.

Saúde: desnutrição, exaustão física e mental.

Características pessoais: pessoa depressiva e desmotivada.

Polaridade: negativa.

Combinações

O Viúvo é uma carta negativa, associada a um processo de luto prolongado. A carta à esquerda, para onde o viúvo olha, representa a perda.

Proposta de interpretação: perda financeira.

Proposta de interpretação: o amor está se perdendo.

Proposta de interpretação: morte física de uma pessoa.

4. DOENTE

Você pode se sentir exausto ou doente.
Grandes fragilidades podem torná-lo
vulnerável espiritualmente.
Fortaleça sua aura.

Carta: 4 de Espadas
Números da sorte: 90 e 26
Associação planetária: Saturno

Palavras-chave: desânimo, cansaço, dor, sofrimento, depressão, atraso, solidão, doença, estagnação, espíritos obsessores.

Descrição: em um quarto confortável, um homem está deitado na cama. Sua posição sugere que não está apenas dormindo, mas tentando se recuperar de uma doença. Seu rosto está virado para a janela, de onde a luz entra, representando a crença na cura.

Em uma mesa de cabeceira, há medicamentos, enquanto livros na outra reforçam o longo período de repouso devido à doença.

Anjos na parede e um quadro de família representam a conexão desta carta com o mundo espiritual, sugerindo proteção divina e alguém que cuida do homem na imagem.

Significado geral: esta carta remete a um período de pausa, em que o consulente não está nas melhores condições físicas e psicológicas, ou ele está apático, desmotivado, deprimido e energeticamente abalado por algum evento passado ou por um conjunto de acontecimentos negativos. Para se recuperar, o consulente precisa se libertar das preocupações e se concentrar em si mesmo.

A carta também tem conexão com energias negativas, dando indícios de que o consulente pode ser vítima delas. Para melhorar, ele precisará mudar seu estado emocional e vibrar em uma frequência melhor para se libertar desses bloqueios.

Se a carta estiver **invertida**, costuma sugerir que o consulente será forçado a fazer uma pausa – ele passará por uma fase de estagnação que não depende dele. A carta também pode ter uma conotação positiva, anunciando o fim de um período negativo. A pausa anunciada não é eterna: é transitória e pode significar uma mudança necessária e positiva.

Profissional: esta carta anuncia um período de pausa relacionado a algo que não poderia continuar do jeito que estava. O consulente pode se sentir apático e desmotivado quanto à sua vida profissional. O ambiente ao seu redor não é saudável e a tendência é que provoque instabilidade emocional.

Por estar associada à doença, pode ser vinculada a profissões da área da saúde, como médico, enfermeiro, fisioterapeuta, entre outros.

Se estiver **invertida**, a carta indica um período de grande estagnação que pode levar ao fim da atividade profissional da maneira como o consulente a conhece.

Financeiro: *Doente* traz a energia da contenção de gastos, das dificuldades e, por isso, o consulente deve gerenciar suas economias com cautela. Negócios e investimentos devem ser evitados. Esta carta prevê uma fase com pouca ou nenhuma entrada de dinheiro.

A carta **invertida** indica que o consulente vive uma fase de contenção, mas, caso as cartas seguintes sejam positivas, ele pode ter a ajuda de alguém para reverter a situação. Se as seguintes forem negativas, a situação financeira pode se agravar.

Amor: se o consulente estiver em um relacionamento, a carta indica que ele pode estar doente, apático, e que os sentimentos se perderam. Pode não ter havido investimento na relação, e o amor parece ter se dissipado.

Caso o consulente esteja solteiro, pode estar ligado a uma situação passada que lhe traz sofrimento, sentindo-se abandonado e solitário.

Se estiver **invertida**, a carta sugere que os acontecimentos anteriores se intensificam: os sentimentos negativos tomam conta do consulente, podendo até mesmo levá-lo a um processo de autodestruição emocional.

Saúde: a carta se refere a um período de doença, e somente as cartas seguintes podem revelar sua dimensão. Também pode indicar um sistema imunológico fragilizado, trazendo risco de infecções ou gripe e depressão.

Características pessoais: pessoa pessimista, solitária e com tendência a se vitimizar.

Polaridade: negativa.

Combinações

A carta *Doente* revela problemas de saúde, indicando debilitação, infecções ou algo que está em risco. Também pode se referir a uma pessoa que está com um problema de saúde. As cartas ao redor revelam o que ou quem está doente e como a situação evoluirá.

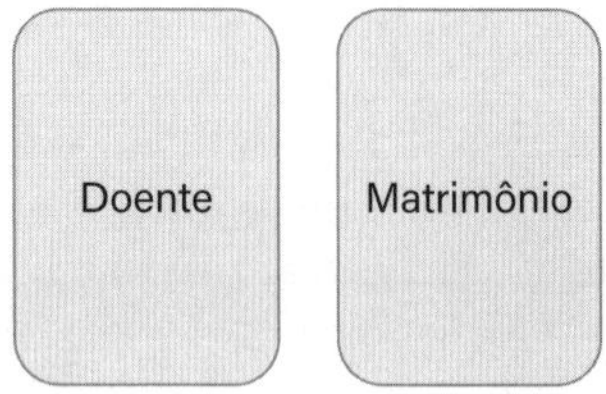

Proposta de interpretação: doença crônica.

Proposta de interpretação: hospital.

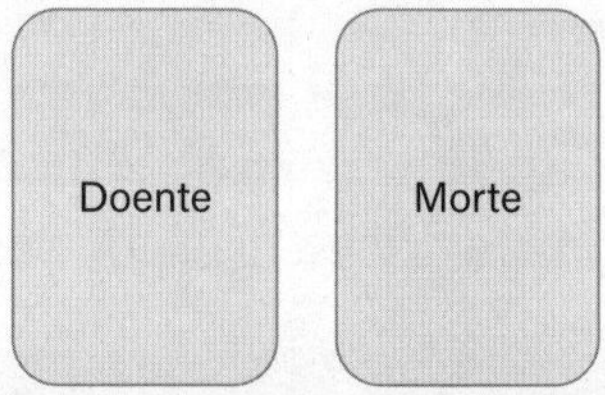

Proposta de interpretação: morte física causada por uma doença.

5. MORTE

O fim de um ciclo se aproxima,
talvez de forma inesperada.
Encare isso como uma oportunidade
de crescimento e renovação.

Carta: 5 de Espadas
Números da sorte: 13 e 46
Associação planetária: Marte

Palavras-chave: fim, encerramento de ciclo, transformação, mudança, transição, ruptura, inusitado, cármico, repentino.

Descrição: das cinzas, renasce a Fênix, empoleirada sobre um pilar, em uma posição de superioridade – conquistada pela coragem de aceitar a transformação quando sentiu a morte se aproximar, ressurgindo das cinzas. Suas penas, de tons quentes, como laranja e amarelo, revelam sua força e coragem, mostrando que a cada renascimento ela se torna mais forte e mais sábia. Ao seu lado, uma vela simboliza a queima e a transmutação do carma. Assim como a Fênix, a cada oportunidade de encerrar ciclos, o ser humano renasce mais forte e mais sábio, por mais dolorosa que seja a necessidade de transformação.

Significado geral: a carta *Morte* representa mudanças drásticas que podem ser inesperadas e repentinas. Ela interrompe o fluxo natural de uma situação, trazendo um fim irreversível. Normalmente, essa mudança é sofrida e violenta. Contudo, esse fim pode ser positivo, especialmente se representar o encerramento de uma fase difícil.

Se estiver **invertida**, suas características negativas se ampliam. Revela que o fim inesperado será acompanhado por momentos de grande fragilidade emocional, trazendo sofrimento e dor.

Profissional: esta carta anuncia o fim de um ciclo, que pode ser abrupto. O consulente deve aceitar a mudança, buscando equilíbrio emocional, pois ela será irreversível.

Se estiver **invertida**, sugere que o fim anunciado pode ser causado por questões que colocam em dúvida a competência, a eficiência e a idoneidade do consulente. Por isso, é aconselhável que ele seja cauteloso e correto em tudo o que fizer. Esse fim repentino pode gerar um grande desequilíbrio emocional.

Financeiro: esta carta indica um negócio fracassado e inviável. Além disso, pode revelar desonestidade e corrupção.

Se estiver **invertida**, o significado não se altera. No entanto, se o consulente estiver apostando em algo, a carta revela que ele não terá o retorno desejado.

Amor: em um relacionamento, a carta *Morte* revela um fim irreversível, devido a motivos que causaram grande sofrimento.

Se o consulente estiver solteiro, ele ainda pode estar lidando com a dor de um término ou uma desilusão passada. No entanto, o fim do ciclo está próximo, e, se as cartas seguintes forem positivas, podem trazer boas notícias para essa área da vida.

Se estiver **invertida**, indica uma separação temporária.

Saúde: instabilidade emocional, acidente.

Características pessoais: pessoa forte, destemida e com iniciativa.

Polaridade: neutra.

Combinações

A *Morte* é uma carta neutra, embora seja frequentemente vista de forma negativa. Ela tem o poder de modificar o significado das cartas ao seu redor, encerrando um ciclo, seja ele positivo ou negativo. Portanto, sua conotação negativa pode ser transformada quando ela finaliza um período de sofrimento.

Proposta de interpretação: um casamento que chega ao fim (*Amor* + *Matrimônio*) de forma dramática (*Morte* invertida).

Proposta de interpretação: herança inesperada.

Proposta de interpretação: libertação de uma situação de dependência.

6. SUSPIROS

A ansiedade e a preocupação com um futuro incerto geram instabilidade emocional. A oportunidade pode não ter sido perdida para sempre; ainda é possível reverter a situação.

Carta: 6 de Espadas
Números da sorte: 63 e 38
Associação planetária: Netuno

Palavras-chave: espera, ansiedade, tensão, desgosto, preocupação, incerteza, falsa esperança, sofrimento causado por perda.

Descrição: em uma noite escura, uma mulher está sentada perto da água. Seu semblante expressa dor e sofrimento. Seu olhar, voltado para um navio que se afasta, revela o motivo. O lenço branco em sua mão direita pode ter sido usado tanto para acenar e se despedir de alguém que se afasta quanto para enxugar as lágrimas.

Significado geral: *Suspiros* transmite ansiedade, preocupação e um momento de grande insegurança e fragilidade emocional devido a um futuro incerto. A carta pode revelar ou não um afastamento definitivo, mas traz consigo uma esperança vaga de que algo pode ser revertido ou alcançado. Está relacionada à perda de uma oportunidade, representada pelo navio que se afasta. O lado para onde a mulher está voltada revela o que foi perdido. A carta nas suas costas indica o caminho a seguir.

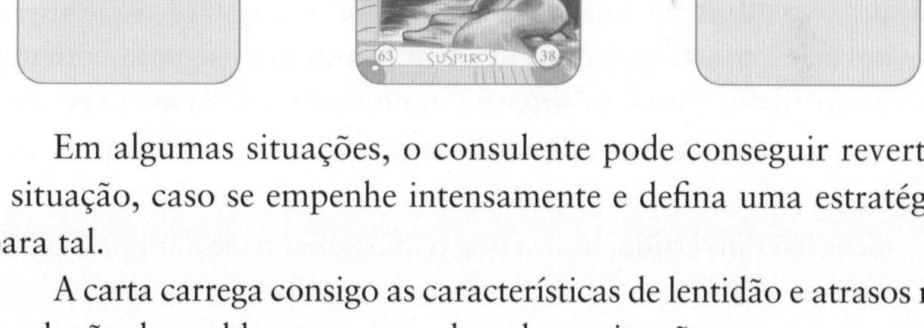

Em algumas situações, o consulente pode conseguir reverter a situação, caso se empenhe intensamente e defina uma estratégia para tal.

A carta carrega consigo as características de lentidão e atrasos na resolução de problemas, tornando a determinação e a perseverança como peças fundamentais.

Por fim, a carta *Suspiros* também pode indicar uma viagem.

Se estiver **invertida**, sugere que o consulente está prestes a superar um período turbulento e de ansiedade, por meio do crescimento e do aprendizado que esse momento proporcionou. Agora, ele terá mais segurança em relação ao futuro. Também indica que, devido às experiências passadas, o consulente está preparado para enfrentar as adversidades da vida. Ela representa uma pessoa intuitiva, que alcançou um nível elevado de desenvolvimento espiritual.

Profissional: esta carta revela um período de grande tensão e ansiedade diante de um futuro incerto. O consulente pode ter perdido uma boa oportunidade e, por isso, agora se sente arrependido. Ele precisará de muito esforço e dedicação para reverter sua situação.

Se estiver **invertida**, *Suspiros* indica que o consulente está prestes a encerrar uma fase de instabilidade. Segredos podem ser revelados e, agora, tudo ficará mais claro. A conexão com a água sugere uma fase de maior sensibilidade, criatividade e inspiração para escrever, podendo ser o momento de se dedicar a um livro, artigo ou até de definir um projeto artístico.

Financeiro: esta carta revela ansiedade quanto à estabilidade financeira. O consulente pode ter perdido uma boa oportunidade de negócio ou os negócios podem demorar a dar frutos.

A carta **invertida** indica que o consulente está começando a virar a página, seguindo o caminho certo para conseguir alcançar a estabilidade financeira.

Amor: em um relacionamento, a carta sugere uma fase de afastamento em que os sentimentos estão se dissipando e a separação pode ser inevitável. O consulente deve fazer uma autoanálise para entender como contribuiu para essa situação, muitas vezes de maneira egoísta.

Caso o consulente esteja solteiro, a carta remete a um amor não correspondido ou a uma paixão por alguém distante.

Se estiver **invertida**, indica que o afastamento se dará pela perda de interesse e paixão.

Saúde: instabilidade emocional, ansiedade, ataques de pânico e transtornos mentais.

Características pessoais: pessoa ansiosa e insegura.

Polaridade: negativa.

Combinações

Suspiros é uma carta negativa, que indica uma fase de ansiedade, dor e sofrimento por algo ou alguém que se perdeu para sempre, ainda que o consulente tenha dificuldade de aceitar essa perda.

A carta à sua esquerda, direção para a qual a mulher olha, pode fornecer mais informações sobre a causa do sofrimento, enquanto a carta à direita indica o caminho a seguir.

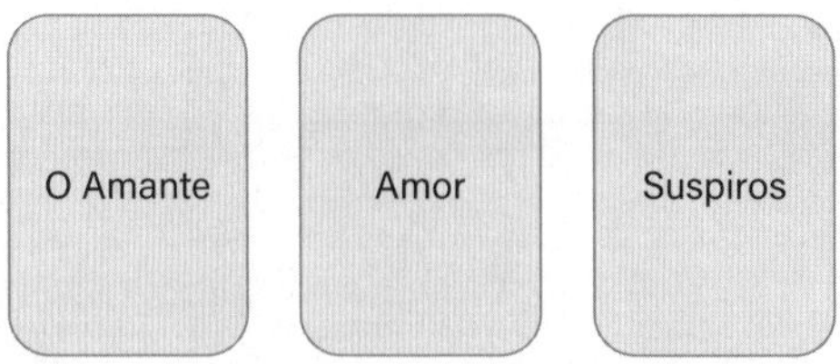

Proposta de interpretação: afastamento da pessoa amada.

Proposta de interpretação: libertação de sentimentos de ciúmes que provocam grande instabilidade emocional.

Proposta de interpretação: libertação de um relacionamento tóxico.

7. DESGRAÇA

Ações do passado incendeiam o presente.
Aceite as consequências de seus atos
e aprenda com a experiência.

Carta: 7 de Espadas
Números da sorte: 56 e 17
Associação planetária: Marte

Palavras-chave: acidente, destruição, perda, inesperado, colapso, desorientação.

Descrição: o interior de uma casa sólida e imponente, cercada por um belo jardim, está em chamas. O incêndio é grave, e deixa claro que nada escapará. Do lado de fora, não há ninguém para ajudar, o que intensifica a dramaticidade da cena.

Esta carta pode ter algumas semelhanças com o Arcano XVI do tarô, que retrata um raio atingindo uma torre e lançando pessoas ao chão. No tarô, esse raio representa uma intervenção do destino, embora também possa sugerir que mudanças necessárias foram ignoradas e agora o Universo age para corrigi-las.

No caso da *Desgraça*, no entanto, o incêndio foi provocado por alguém que estava dentro da casa, o que significa que a responsabilidade recai sobre essa pessoa.

Significado geral: provavelmente a mais negativa do baralho, *Desgraça* revela acontecimentos inesperados que trazem turbulência, instabilidade emocional, dor e sofrimento. Pode simbolizar o fim de algo, sempre acompanhado de tristeza, mágoa e infelicidade.

Se vem junto a uma carta relacionada a transporte, *Desgraça* pode alertar para um acidente grave. Recomenda-se muita cautela ao lidar com o futuro.

A carta também sugere que o consulente enfrentará as consequências de erros do passado. Um processo chega ao fim, e ele já sabia que esse momento viria. Além disso, pode indicar um estado de apatia em relação à própria vida.

Por fim, *Desgraça* pode indicar acidentes de qualquer tipo.

Se estiver **invertida**, a carga dramática da carta se intensifica. Como remete ao interior da casa em chamas, também pode indicar maus-tratos no ambiente doméstico, resultando em estresse e transtornos mentais. Por outro lado, se acompanhada de cartas positivas, *Desgraça* invertida pode sugerir uma reviravolta favorável, mostrando que o consulente pode mudar a situação a seu favor.

Profissional: a carta revela um acontecimento irreversível, como uma demissão ou um acidente, que impactará negativamente a situação atual do consulente.

Quando **invertida**, sugere que o consulente pode ser vítima de abuso de poder ou assédio moral por parte de superiores hierárquicos, o que gera grande instabilidade emocional, abalando sua autoestima e autoimagem.

Financeiro: *Desgraça* remete a uma situação econômica frágil, podendo indicar multas, processos legais, dívidas, e, em casos extremos, até insolvência.

Se estiver **invertida**, aponta para uma situação financeira ainda mais grave, trazendo desorientação emocional e psicológica devido à dificuldade de lidar com a situação.

Amor: um relacionamento pode estar prestes a enfrentar uma separação irreversível, sem possibilidade de reconciliação. O consulente deve estar ciente de que decisões e atitudes passadas comprometeram a relação de forma definitiva.

Caso o consulente esteja solteiro, a carta indica que ele ainda sofre por uma desilusão amorosa.

Se estiver **invertida**, *Desgraça* sugere que o consulente pode estar em um relacionamento violento, que prejudica sua autoestima e sua estabilidade emocional. Caso já tenha se libertado dessa relação, a carta aponta para os danos causados por essa experiência.

Saúde: instabilidade emocional, hipertensão, problemas respiratórios, acidentes e queimaduras.

Características pessoais: pessoa serena e calculista.

Polaridade: negativa.

Combinações

Desgraça é a carta mais negativa do baralho e, além disso, é dominante. Ela representa acontecimentos terríveis, traumáticos e difíceis de superar, e sua energia nefasta contamina as cartas ao seu redor.

Proposta de interpretação: uma inimiga desconhecida busca vingança.

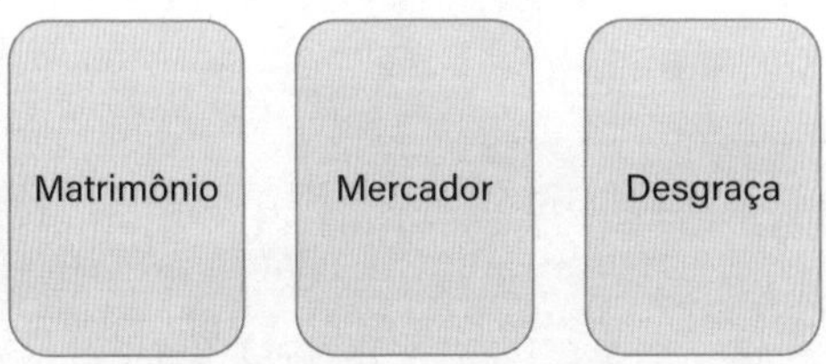

Proposta de interpretação: negócio (*Matrimônio* + *Mercador*) arruinado (*Desgraça*).

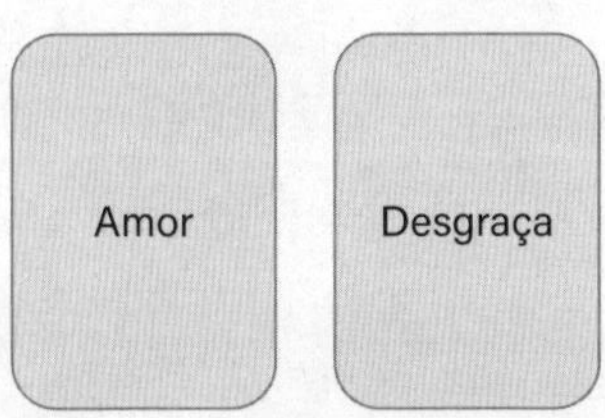

Proposta de interpretação: ataque cardíaco.

8. DESESPERADO POR CIÚMES

Busque a paz interior em meio ao caos emocional. Não adianta tentar controlar o que está além do seu alcance. Más ações no presente podem trazer consequências negativas no futuro.

Carta: 8 de Espadas
Números da sorte: não atribuídos
Associação planetária: Marte

Palavras-chave: ciúme, desespero, desorientação, loucura, inveja, instabilidade emocional, repetição de padrões negativos, manipulação, raiva, consumo de substâncias ilícitas.

Descrição: perto de um rio, um homem aponta uma arma para a cabeça, tomado pelo desespero. A água ao fundo revela sua sensibilidade emocional, enquanto a tentativa de suicídio evidencia seu total desequilíbrio.

No chão, uma garrafa de vinho quebrada sugere não apenas um momento de tensão, mas também o consumo de álcool ou outras substâncias ilícitas. No entanto, ao fundo, uma ponte simboliza a esperança, lembrando que, por mais difícil que seja a situação, sempre há uma saída.

Significado geral: a carta *Desesperado por Ciúmes* representa um estado de desorientação. As cartas seguintes indicarão a gravidade do momento e seu possível desfecho.

Esse desequilíbrio pode levar a decisões impulsivas e prejudiciais tanto para o consulente quanto para os outros. Sentimentos como culpa, dor, ciúme, angústia e desesperança dominam sua mente, dificultando sua percepção da realidade.

Além de estar associada à angústia, à toxicidade e ao desespero, essa carta também representa manipulação, podendo indicar alguém que usa ameaças para prejudicar o consulente.

Outra interpretação possível está relacionada ao consumo de álcool e substâncias.

Se a carta estiver **invertida**, suas características se intensificam. Os ciúmes e a angústia se tornam ainda mais desmedidos e descontrolados, afetando o bem-estar do consulente e distorcendo sua visão da realidade.

Esta carta também pode representar alguém egoísta, obsessivo e manipulador, que usa esses comportamentos para mascarar sua baixa autoestima.

No âmbito espiritual, *Desesperado por Ciúmes* indica uma forte carga de energia negativa na aura.

Profissional: esta carta anuncia um período de desespero e desorientação, que pode impactar negativamente a vida profissional do consulente. Ele pode tomar decisões impulsivas que comprometem tanto sua estabilidade e segurança quanto as das pessoas ao seu redor.

O consulente deve evitar seguir conselhos de pessoas em quem não confia plenamente e adiar decisões importantes até que tenha mais clareza. Conflitos e escândalos podem ocorrer.

Se a carta estiver **invertida**, esses desafios se tornam ainda mais intensos, podendo resultar em consequências que levam tanto o consulente quanto as pessoas ao seu redor ao desespero. É essencial ouvir conselhos sensatos.

Financeiro: a carta prevê uma fase de instabilidade, dívidas e até insolvência. O consulente deve agir com cautela para evitar o caos financeiro e se abster de qualquer tipo de investimento.

Além disso, pode indicar problemas legais, tornando essencial contar com o apoio de um profissional competente e de confiança.

Se *Desesperado por Ciúmes* estiver **invertida**, os desafios e a instabilidade financeira se tornam ainda mais graves, exigindo que o consulente cumpra rigorosamente suas obrigações e mantenha a calma.

Amor: se o consulente estiver em um relacionamento, a carta sugere que o ciúme, a possessividade e a obsessão dominam a relação. Pode haver episódios de violência, levando ao desespero e até a uma ruptura com consequências emocionais traumáticas. Caso opte por permanecer no relacionamento, o consulente pode ter sua autoconfiança e estabilidade emocional profundamente abaladas.

Se o consulente estiver solteiro, a carta revela sentimentos obsessivos. Ele deve buscar manter a paz interior e escolher com sabedoria a pessoa com quem deseja se envolver.

Quando **invertida**, a instabilidade causada por ciúmes e obsessão se intensifica ainda mais, tornando essencial buscar equilíbrio emocional e autocontrole.

Saúde: instabilidade emocional, ansiedade, ataques de pânico, transtornos mentais, alcoolismo e vícios.

Características pessoais: pessoa depressiva e paranoica.

Polaridade: negativa.

Combinações

Desesperado por Ciúmes é uma carta negativa, que indica forte instabilidade emocional, angústia, manipulação e um ambiente tóxico para as cartas ao seu redor.

Proposta de interpretação: relacionamento extremamente tóxico.

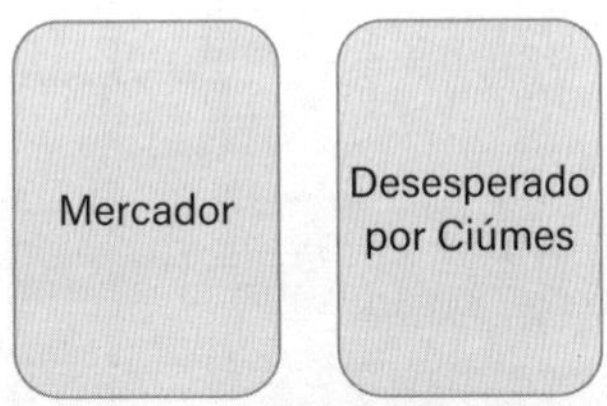

Proposta de interpretação: um homem de negócios invejoso, que não gosta de dividir e quer tudo o que há de melhor para si.

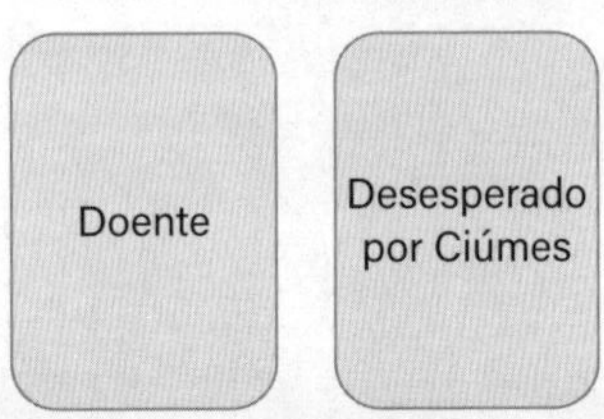

Proposta de interpretação: transtorno mental.

9. PRISÃO

Você pode se sentir preso, sem liberdade e resignado à sua situação. Talvez acredite que não tem alternativas ou que permanecer nela seja mais confortável. Seja qual for o motivo, essa sensação traz infelicidade. Saiba que, se você não tiver coragem para se libertar, o Universo pode fazer isso por você. Prepare-se!

Carta: 9 de Espadas
Números da sorte: 70 e 14
Associação planetária: Saturno

Palavras-chave: limitação, bloqueio, dependência, impotência, aprisionamento, subjugação, apego, humilhação, obsessão, punição, carma, obstrução, isolamento.

Descrição: em uma cela, um homem está ajoelhado, com mãos e pernas algemadas. Seu semblante transmite tristeza, mas também resignação diante de sua condição. Uma janela atrás dele permite a entrada de raios de sol, simbolizando a esperança por dias melhores. No entanto, ele está de costas para a luz, refletindo sua postura de conformismo e falta de expectativas quanto ao futuro. A solidão do ambiente reforça a sensação de isolamento e sofrimento que a carta representa.

Significado geral: *Prisão* simboliza um período de restrições, limitações ou dependência. O consulente pode se sentir impotente diante de suas circunstâncias, sem controle sobre a própria vida e sem esperanças em relação ao futuro.

A carta também pode indicar situações de dependência, como vícios, relacionamentos abusivos, subjugação psicológica ou qualquer outro tipo de dependência que cause sofrimento. Ela sugere que o consulente pode estar vivendo alguma dessas situações.

Nos primeiros baralhos Vera Sibilla, esta carta descrevia a perda de amigos, o que também pode ser um prenúncio. As cartas ao redor ajudam a esclarecer o contexto.

No plano espiritual, *Prisão* pode revelar a presença de energias negativas que bloqueiam a vida do consulente. É fundamental que ele analise seus pensamentos, suas ações e suas emoções para entender como pode estar contribuindo para essa situação.

Esta carta também está associada ao carma negativo, representando punições como reflexo das ações nesta vida ou em vidas anteriores.

De modo geral, *Prisão* tem uma conotação bastante negativa, mas, quando combinada com a carta *Criança*, pode indicar uma gravidez.

Se estiver **invertida**, anuncia o fim das limitações, da sensação de impotência e da falta de esperança quanto ao futuro. Isso não significa necessariamente o início de um período feliz, mas marca o encerramento de uma fase desafiadora. No âmbito espiritual, esta carta invertida assume um papel importante, pois indica que uma dívida cármica foi resolvida, permitindo que o consulente recomece sua vida livre das restrições impostas pelo carma.

Se vier acompanhada de cartas negativas, porém, *Prisão* mantém sua carga desfavorável, reforçando a sensação de limitação, impotência, sofrimento e tristeza.

Profissional: *Prisão* revela um ambiente de trabalho no qual o consulente se sente desmotivado e explorado, sem o devido reconhecimento. Há uma relação de dependência com seu empregador, dificultando sua libertação dessa situação.

Esta carta também pode indicar desemprego, trazendo um sentimento de desamparo e falta de perspectivas. O consulente pode se sentir preso e sem alternativas, sem receber apoio das pessoas ao seu redor. No entanto, é essencial que ele tome a iniciativa para mudar essa realidade, pois nada acontecerá se não agir.

Se estiver **invertida**, sugere que o período de dificuldades e limitações chegou ao fim, trazendo aprendizado e novas oportunidades. No entanto, se acompanhada de outras cartas negativas, *Prisão* mantém seu significado de bloqueio e obstáculos.

Financeiro: a carta aponta para restrições e dificuldades financeiras. O consulente pode estar enfrentando uma situação complicada, com dívidas e despesas fixas que parecem inescapáveis. No entanto, a solução para essa situação depende de sua própria iniciativa.

Se estiver **invertida**, *Prisão* indica o fim de um período de dificuldades, permitindo ao consulente reconstruir sua vida financeira.

Amor: se o consulente estiver em um relacionamento, essa carta pode indicar que sua liberdade individual está comprometida, possivelmente devido a comportamentos abusivos. Ele pode se sentir preso a uma relação de dependência, seja emocional ou financeira, resignando-se à situação.

Caso esteja solteiro, o consulente pode ainda estar emocionalmente ligado a um relacionamento do passado.

Se a carta estiver **invertida,** sugere o fim de um relacionamento abusivo ou a libertação de um vínculo emocional, permitindo que o consulente reconstrua sua vida com mais liberdade.

Saúde: pode indicar gravidez quando combinada com a carta *Criança.* Também pode estar associada a problemas como impotência sexual em homens, frigidez em mulheres e prisão de ventre.

Características pessoais: pessoa depressiva, conformista e apática.

Polaridade: negativa.

Combinações

Prisão é uma carta negativa, que impõe limitações, bloqueios e dependências às cartas com as quais se combina, fixando sua energia e as "prendendo" no tempo. No entanto, em algumas exceções, pode assumir um significado positivo.

Proposta de interpretação: gravidez.

Proposta de interpretação: prisão domiciliar.

Proposta de interpretação: empréstimo bancário.

10. MILITAR

O esforço e o rigor serão essenciais para superar os obstáculos que você encontrará pelo caminho. Um inimigo do passado pode retornar para criar contratempos. Enfrente-o.

Carta: 10 de Espadas
Números da sorte: 61 e 7
Associação planetária: Marte

Palavras-chave: autoridade, oposição, inspeção, oficial, disciplina, análise, agressividade, retorno de um inimigo, luta, evento nefasto.

Descrição: um militar está escalando uma montanha. Sua postura e o modo rigoroso como está vestido revelam que está preparado para qualquer dificuldade. Ele carrega ferramentas apropriadas e uma mochila.

Significado geral: esta carta pode representar uma pessoa ou uma situação em que o consulente precisa adotar uma postura focada, disciplinada e rigorosa para superar desafios.

Se representar uma pessoa, indica um adulto com menos de 35 anos. Também pode se referir a um homem ou a uma mulher que usa uniforme.

Essa pessoa é bem-intencionada e está disposta a ajudar os outros, desde que não seja prejudicada. Caso isso aconteça, pode usar sua força e astúcia para atingir seus objetivos a qualquer custo. Ela está determinada a alcançar o sucesso, independentemente dos obstáculos. O ambiente ao seu redor é hostil.

Militar também pode indicar que o consulente enfrentará obstáculos para alcançar seus objetivos, sendo necessário analisar as cartas seguintes para compreender se ele conseguirá superá-los. Além disso, esta carta confere seriedade a qualquer questão em análise, sugerindo que o consulente aja com retidão e responsabilidade.

Se estiver **invertida**, aponta para algo sendo feito de forma secreta ou clandestina. Também pode indicar ações ilegais. As cartas seguintes podem revelar o que está sendo mantido em segredo. Além disso, pode indicar um *stalker* – uma pessoa obcecada pelo consulente.

Profissional: a carta prevê uma fase desafiadora, em que o consulente precisará usar toda a sua astúcia e força para superar obstáculos. Ele deve agir com rigor e de maneira irrepreensível para alcançar o sucesso.

Se estiver **invertida**, *Militar* indica um ambiente marcado por jogos de poder e uma competitividade extrema. Assuntos podem estar sendo mantidos em segredo, possivelmente sem o conhecimento do consulente. Além disso, adversários influentes podem criar obstáculos significativos, comprometendo boas oportunidades em sua carreira.

Financeiro: a carta aponta desafios financeiros, com possíveis entraves relacionados a processos legais.

Se **invertida**, sugere que o consulente pode ser prejudicado por pessoas que tentam se aproveitar, agindo de forma discreta para obter vantagens indevidas.

Amor: em um relacionamento, a carta *Militar* indica que o consulente pode sentir insegurança em relação ao parceiro. Isso pode levá-lo à tentação de invadir sua privacidade, vigiando o parceiro e espiando seus objetos pessoais, como celular, *tablet* ou computador.

Caso o consulente esteja solteiro, pode enfrentar dificuldades para encontrar um parceiro.

Se a carta estiver **invertida**, revela infidelidade, algo que ocorre de forma secreta e envolve a cumplicidade de mais de duas pessoas. O consulente pode se sentir enganado e preso a uma situação difícil.

Saúde: dores na coluna.

Características pessoais: pessoa autoritária e calculista.

Polaridade: neutra.

Combinações

Militar é uma carta neutra, que pode representar alguém na vida do consulente – geralmente, um homem. Também representa a energia da luta, do esforço, da dedicação e do rigor na concretização de objetivos.

Proposta de interpretação: pessoa obcecada pelo consulente.

Proposta de interpretação: inimigo infiltrado.

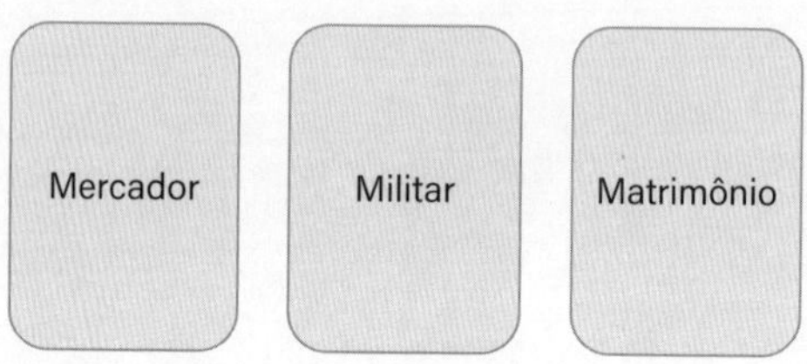

Proposta de interpretação: um negócio bem-sucedido após a superação de obstáculos.

11. O INIMIGO

Um inimigo conhecido pode causar problemas.
Antecipe-se e proteja seus interesses.

Carta: 11 de Espadas
Números da sorte: 78 e 27
Associação planetária: Marte

Palavras-chave: inimigo conhecido, rival, homem que não é de confiança, manipulação psicológica, traição, complicações.

Descrição: em uma rua, um homem caminha de forma apressada e suspeita. Ele usa uma capa, como se estivesse escondendo algo, e olha por cima do ombro, como se estivesse fugindo de alguém. Em sua mão esquerda, segura uma cobra, simbolizando traição iminente. O fato de carregar a cobra sugere que ele conta com a colaboração de alguém para concretizar a cilada que está planejando.

Significado geral: esta carta alerta o consulente sobre um inimigo conhecido que está tramando algo para prejudicá-lo. Ela confirma suas suspeitas e reforça a necessidade de cautela. Geralmente, representa um homem, mas também pode se referir a uma mulher.

Essa pessoa faz parte da rotina do consulente e pode até aparentar simpatia, mas, na verdade, é dissimulada e está à espera de um momento de vulnerabilidade para agir contra ele.

Se a carta estiver **invertida**, essas características se tornam ainda mais perversas. A pessoa em questão pode ter um comportamento profundamente desajustado, podendo ser criminosa, corrupta e sem respeito pela autoridade.

Profissional: o consulente tem alguém próximo que não é de confiança – uma pessoa com um ego inflado e sede de poder, que não hesitará em passar por cima dos outros para alcançar seus objetivos. É essencial que o consulente seja extremamente cuidadoso e rigoroso em suas tarefas, pois essa pessoa está apenas esperando um momento de vulnerabilidade para agir.

Se estiver **invertida**, indica a presença de alguém mal-intencionado, sem valores éticos ou morais, capaz de causar grandes danos. Essa pessoa pode estar motivada por vingança e tende a descarregar sua frustração em quem está ao seu redor.

Financeiro: *O Inimigo* adverte que uma pessoa pode prejudicar o consulente intencionalmente nesse aspecto. Manter uma postura vigilante e estratégica pode ajudar a evitar perdas financeiras e resolver problemas antes que se agravem.

Se **invertida,** a carta sugere que o consulente pode cair em uma armadilha que resultará em prejuízos financeiros.

Amor: se o consulente estiver em um relacionamento, a carta revela a presença de uma terceira pessoa que deseja a separação do casal. Esse rival pode ser um ex-parceiro ou alguém que simplesmente deseja afastá-los, agindo estrategicamente para desestabilizar a relação.

Caso o consulente esteja solteiro, indica que uma pessoa comprometida pode tentar se envolver com ele. O consulente já a conhece e desconfia de suas intenções.

Se a carta estiver **invertida,** revela infidelidade, separação ou até mesmo divórcio. Esse desfecho será causado pela interferência de uma terceira pessoa.

Saúde: possibilidade de infecções virais.

Características pessoais: pessoa egoísta e autoritária.

Polaridade: negativa.

Combinações

O Inimigo é uma carta negativa que representa um adversário conhecido pelo consulente. Os interesses dessa pessoa são contrários aos dele e podem ser a causa de um problema. As cartas que a acompanham ajudam a revelar detalhes sobre a atuação dessa pessoa na vida do consulente.

Proposta de interpretação: um inimigo conhecido do consulente (*O Inimigo*) deseja prejudicar sua reputação (*Orgulho*), visando favorecer a própria (*O Ladrão*).

Proposta de interpretação: uma pessoa conhecida do consulente está tentando interferir em um relacionamento amoroso.

Proposta de interpretação: um inimigo conhecido deseja prejudicar os negócios do consulente.

12. A INIMIGA

Uma inimiga desconhecida e dissimulada
pode tentar prejudicá-lo e tomar algo que é seu.
Antecipe-se e proteja seus interesses.

Carta: 12 de Espadas
Números da sorte: 65 e 41
Associação planetária: Marte

Palavras-chave: inimiga desconhecida, rival, traição, dissimulação, falsidade, intrigas.

Descrição: em uma rua suja, onde há indícios de violência, uma mulher olha para o lado direito, como se estivesse atenta a algo ou alguém. Ela segura uma máscara na mão esquerda e uma faca na direita, revelando que está pronta para atacar, mas não quer ser identificada. Tal como o personagem da carta *O Inimigo*, ela usa uma capa para se proteger e ocultar sua identidade, reforçando o simbolismo da máscara.

Significado geral: esta carta carrega um significado mais nefasto do que *O Inimigo*, indicando que a pessoa representada por ela é ainda mais perigosa. *A Inimiga* retrata uma mulher que aparenta ser gentil, prestativa e inofensiva, levando o consulente a baixar a guarda. No entanto, sua verdadeira intenção é prejudicá-lo deliberadamente. Trata-se de uma pessoa invejosa, que deseja tomar o lugar do consulente.

A principal diferença entre *A Inimiga* e *O Inimigo* é que a primeira se refere a inimigos desconhecidos, enquanto a segunda carta diz respeito a adversários conhecidos pelo consulente.

Em minha experiência, muitas vezes esta carta revelou que a própria consulente era sua pior inimiga, prejudicando-se com pensamentos e atitudes autodestrutivos.

Se a carta estiver **invertida,** indica que a pessoa em questão tem uma personalidade ainda mais perversa. Ela está próxima do consulente, é calculista e sente prazer em prejudicá-lo. O perigo é iminente, pois essa pessoa já tem um plano traçado e não hesitará em fazer o que for necessário para alcançar seus objetivos.

Profissional: uma mulher dissimulada e próxima do consulente está se preparando para prejudicá-lo. É alguém em quem ele confia e que busca crescer profissionalmente a qualquer custo.

Se estiver **invertida,** *A Inimiga* indica uma pessoa mal-intencionada, sem valores éticos ou morais, capaz de causar destruição. Sua sede de vingança faz com que ela desconte sua frustração nas pessoas ao seu redor.

Financeiro: a carta revela que o consulente pode ser seriamente prejudicado por uma pessoa próxima. É essencial que ele permaneça alerta.

A carta **invertida** sugere que alguém próximo ao consulente pode prejudicá-lo seriamente. Este não é o momento de confiar assuntos financeiros a ninguém.

Amor: se o consulente estiver em um relacionamento, a carta indica a presença de uma pessoa dissimulada e oculta que deseja seu parceiro. Geralmente, trata-se de uma mulher, mas também pode ser um homem.

Se o consulente estiver solteiro, a carta sugere que uma pessoa comprometida pode tentar se envolver com ele, mas com intenções estritamente sexuais.

Quando **invertida**, revela infidelidade, separação ou até mesmo divórcio. Esse desfecho será provocado pela interferência de uma terceira pessoa.

Saúde: problemas com os ovários e infecções graves.

Características pessoais: pessoa calculista, egoísta, perigosa e que costuma ser vingativa.

Polaridade: negativa.

Combinações

A Inimiga é uma carta negativa que representa um inimigo desconhecido do consulente – uma pessoa mal-intencionada que deseja prejudicá-lo sem que ele perceba. Essa pessoa pode recorrer a diferentes estratégias, como intrigas, difamação e manipulação.

Como mencionei, esta carta pode simbolizar o próprio consulente, que, sem perceber, se torna seu próprio inimigo por meio de suas atitudes e seus pensamentos.

As cartas ao redor ajudam a esclarecer como essa energia influencia os acontecimentos da vida do consulente.

Proposta de interpretação: intrigas e boatos criados por uma mulher. Neste lançamento, a carta *Leveza* espalha, por meio da comunicação, as intenções maldosas da mulher (*A Inimiga*).

Proposta de interpretação: pensamentos autodestrutivos.

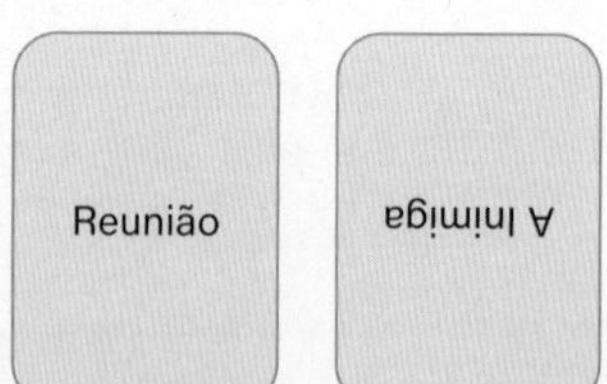

Proposta de interpretação: uma pessoa perigosa finge que quer ajudar o consulente, mas suas intenções são perversas.

13. SACERDOTE

Algo virá à tona para ser legalizado,
tratado e acordado.
Realize todos os procedimentos de
forma honesta e dentro da lei.

Carta: 13 de Espadas
Números da sorte: 74 e 40
Associação planetária: Júpiter

Palavras-chave: legalização, burocracia, responsabilidade, regras, juízo, moralidade, autoridade religiosa, experiência, profissionalismo, ajuste de contas, corrupção.

Descrição: um sacerdote vestido de cor violeta segura uma balança na mão direita e aponta para o mesmo lado, indicando que é dali que vêm seus valores para tomar decisões.

É importante lembrar que, na época em que o baralho Vera Sibilla foi criado, não havia uma separação real entre a autoridade religiosa e os poderes do Estado. O sacerdote detinha poder absoluto sobre os seguidores, sem relação pessoal com cada um, e agia principalmente como um castigador e intermediador entre o sistema e a aplicação das sanções.

Além disso, ao longo do tempo, também houve corrupção dentro da Igreja, o que significa que a aplicação das regras nem sempre é justa. Aqui, o poder institucional vai contra os benefícios do consulente, podendo impedi-lo de realizar sua vontade livremente.

Significado geral: esta carta está relacionada a regras, ordem, organização, decisões e desenvolvimento de processos que conduzem a algo concreto. *Sacerdote* representa um homem ligado ao sistema jurídico, à autoridade e à lei em geral. Ele indica que algo precisará ser pago, revelando uma situação desafiadora.

Por pertencer ao naipe de Espadas, apenas em casos muito específicos, quando acompanhada de cartas positivas, seu significado pode ser favorável ao consulente.

A carta para a qual o personagem aponta revela a solução para o problema, enquanto a carta à sua esquerda indica sua origem.

Se a carta estiver **invertida**, podem ocorrer problemas com a Justiça, situações injustas, corrupção, jogos de poder e outras estratégias antiéticas e imorais. Pode representar uma pessoa que frequentemente adota atitudes incorretas e injustas, tendo dificuldade em seguir as normas da sociedade.

Profissional: a carta prevê um período de resoluções burocráticas e legais, envolvendo contratos e acordos. O consulente pode precisar da intervenção de um especialista, como um advogado ou conselheiro. Além disso, sugere rigor e competência, podendo indicar progressão na carreira.

Se estiver **invertida**, podem surgir problemas legais. O consulente deve ser cauteloso quanto aos conselhos que recebe, pois a pessoa que o orienta pode não estar devidamente preparada.

Financeiro: a carta sugere a realização de contratos e negócios, que devem ser conduzidos com base em princípios legais, éticos e morais.

Quando **invertida**, adverte que o consulente pode ser prejudicado por um processo burocrático ou jurídico. Uma pessoa irresponsável pode estar envolvida no problema. Além disso, há risco de multas.

Amor: em um relacionamento, a carta indica estabilidade e segurança, mas também certa frieza e distanciamento. Se a relação ainda não for oficial, esta carta pode indicar sua formalização.

Se o consulente estiver solteiro, sugere dificuldade em expressar seus sentimentos, além de uma personalidade mais reservada.

Quando **invertida**, *O Sacerdote* pode indicar frieza excessiva, perda da paixão e, consequentemente, divórcio.

Saúde: necessidade de realizar exames médicos.

Características pessoais: pessoa culta, ética e sensata.

Polaridade: neutra.

Combinações

Sacerdote representa uma autoridade legal ou moral, um poder que pode se opor ao consulente. As cartas ao seu redor revelarão o campo de ação dessa influência na vida do consulente.

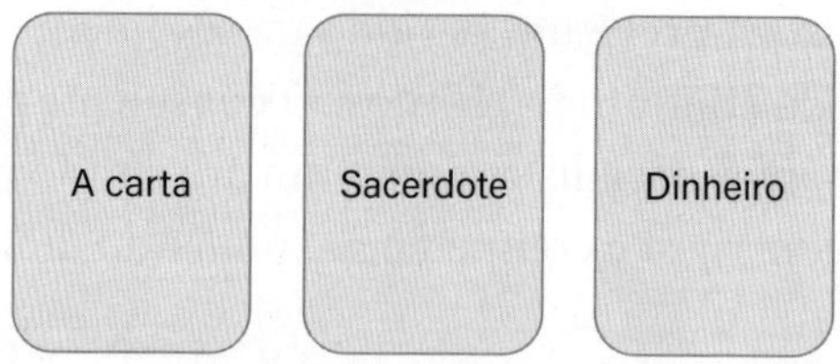

Proposta de interpretação: carta da autoridade tributária.

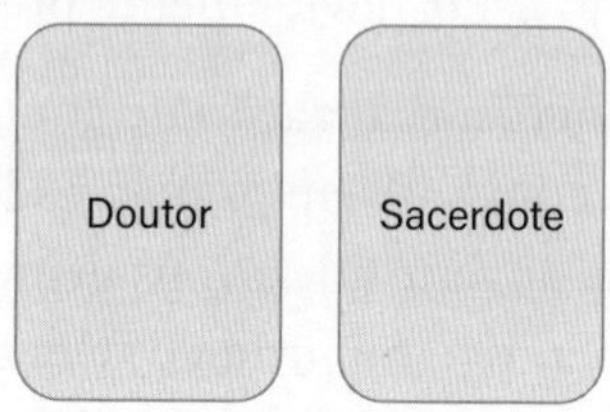

Proposta de interpretação: advogado.

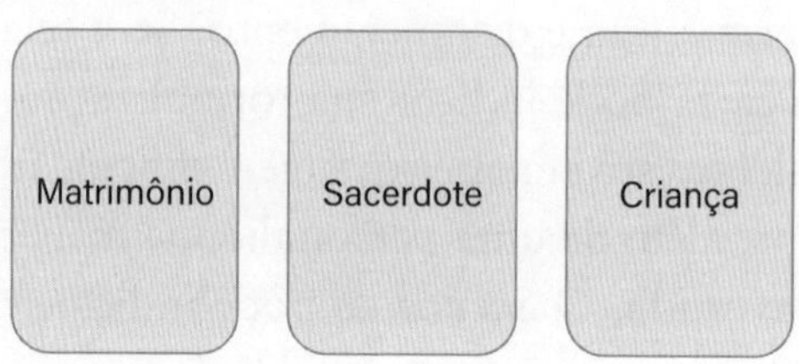

Proposta de interpretação: acordo sobre a regulamentação da guarda de um filho.

Naipe de Ouros

O naipe de Ouros representa o elemento Terra e está relacionado ao mundo material, à concretização dos acontecimentos, à estabilidade e à rotina de forma geral. Este naipe é subordinado e compreende tanto acontecimentos positivos quanto negativos.

1. APOSENTO

Algo deve ser desenvolvido ou realizado em segredo.
Não permita que sua intimidade seja invadida.

Carta: Ás de Ouros
Números da sorte: não atribuídos
Associação planetária: Mercúrio

Palavras-chave: secreto, íntimo, privacidade, isolamento, oculto, confidencialidade, escritório, encontro sexual, notícias breves.

Descrição: uma sala vazia transmite conforto e tranquilidade. Uma cadeira próxima a uma mesa, sobre a qual há um papel e uma caneta de pena, indica que alguém já esteve ali e pode retornar. A grande janela para a rua, coberta por cortinas, torna o ambiente ainda mais intimista. Os tons rosados dos estofados criam uma atmosfera romântica.

Significado geral: a carta *Aposento* traz uma energia intimista, misteriosa, secreta e oculta. Ela sugere que algo pode estar acontecendo sem que seja de conhecimento público.
Além disso, pode indicar um momento de estudo, escrita e notícias ou a resolução de uma questão. Também pode, simplesmente, se referir a um escritório, onde alguém trabalha de forma tranquila.

Quando **invertida**, sugere que um segredo constrangedor pode ser revelado. Se o consulente tem algo escondido, é possível que seja descoberto. Da mesma forma, ele pode vir a descobrir algo sobre outra pessoa, o que pode causar tristeza ou decepção.

Profissional: a carta revela que o consulente pode estar desenvolvendo algo em segredo, como um novo projeto ou a escrita de um livro, artigo ou estudo.

Se estiver **invertida**, pode indicar que o consulente está ansioso devido à dificuldade de concluir ou definir seus projetos. Também pode sugerir a existência de documentos falsos.

Financeiro: a carta prevê negociações discretas, que talvez não sejam do conhecimento público. Também pode indicar que processos financeiros estão sendo negociados de forma confidencial.

Quando **invertida**, indica que qualquer negócio ou projeto nesse âmbito pode ser prejudicado pela falta de informação. O processo pode estar sendo conduzido sem o rigor e a discrição necessários.

Amor: um relacionamento pode se desenvolver de forma secreta, com uma forte energia sexual, que é o aspecto dominante da relação.

Se o consulente estiver solteiro, esta carta sugere a possibilidade de encontros casuais secretos, geralmente voltados para o sexo.

Quando **invertida**, pode indicar que um relacionamento extraconjugal será descoberto, levando a possíveis escândalos, discussões e instabilidade emocional. Ela também sugere que um segredo será revelado.

Saúde: sistema imunológico forte.

Características pessoais: pessoa culta, misteriosa, reservada e sensual.

Polaridade: neutra.

Combinações

Aposento é uma carta neutra, que representa um espaço fechado. As cartas ao seu redor definem a natureza do que está acontecendo nesse espaço.

Proposta de interpretação: contrato confidencial.

Proposta de interpretação: encontro amoroso secreto.

Proposta de interpretação: encontro sexual com mais de duas pessoas.

2. A CARTA

Uma mensagem importante chegará em breve.

Carta: 2 de Ouros
Números da sorte: 58 e 2
Associação planetária: Mercúrio

Palavras-chave: carta, documento escrito, notícia, comunicação, mensagem, decisões a serem tomadas.

Descrição: a simplicidade desta imagem revela sua facilidade de interpretação. Um pombo-correio branco carrega uma carta lacrada com um selo vermelho. Um documento escrito, endereçado a alguém, está prestes a chegar.

Significado geral: esta carta anuncia a chegada de uma notícia, seja por carta, e-mail, chat, ligação ou qualquer outra forma de comunicação. É a carta mais rápida do baralho, pois indica que essa informação chegará em até quinze dias.

Como é uma carta neutra, é necessário analisar as cartas ao seu redor para uma interpretação mais completa.

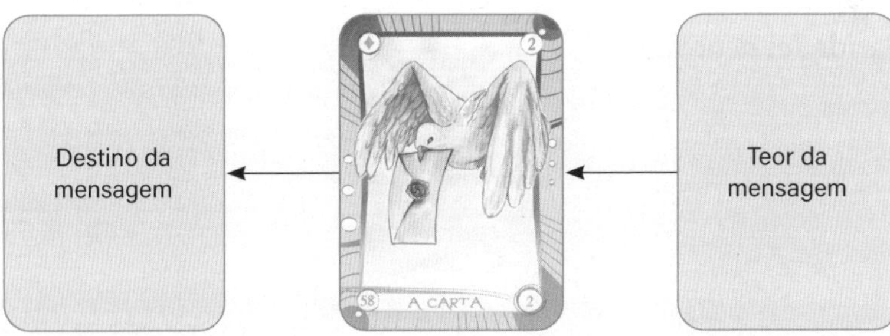

Se a carta estiver **invertida,** a notícia ou correspondência pode sofrer um atraso, ou até mesmo ser extraviada. Algo acabará impedindo sua chegada.

Profissional: o consulente receberá uma proposta, um documento escrito, uma carta ou um e-mail. O conteúdo será revelado pelas cartas seguintes.

Se estiver **invertida,** preveem-se atrasos ou mesmo extravio da correspondência. Uma oportunidade importante pode ser perdida.

Financeiro: esta carta pode indicar uma proposta de negócio, um depósito bancário ou um vale postal.

Se estiver **invertida**, revela que a proposta pode ser perdida ou que o dinheiro não chegará.

Amor: em um relacionamento, haverá trocas de mensagens, cartas de amor e outras formas de contato por escrito.

Se o consulente estiver solteiro, esta carta indica que ele trocará mensagens com alguém que tem interesse nele ou que há um interesse mútuo entre ambos.

Quando **invertida**, cartas ou mensagens podem ser interpretadas de maneira equivocada, resultando em mal-entendidos. Recomenda-se atenção tanto ao conteúdo quanto à forma de se comunicar.

Saúde: realização de exames médicos.

Características pessoais: pessoa culta, estudiosa, escritora, editora, mensageira, introvertida.

Polaridade: neutra.

Combinações

A *Carta* é neutra e representa a chegada de uma notícia por escrito. A carta à esquerda indica quem receberá a mensagem ou o local onde ela será entregue, enquanto a carta à direita revela sua origem.

Proposta de interpretação: um exame médico que pode ser motivo de preocupações (*A Inimiga* invertida).

Proposta de interpretação: mensagem para reconciliação amorosa.

Proposta de interpretação: notícias sobre um filho.

3. PRESENTE DE PEDRAS PRECIOSAS

A energia da abundância e
da prosperidade está com você.
Aproveite para realizar seus desejos.

Carta: 3 de Ouros
Números da sorte: não atribuídos
Associação planetária: Júpiter

Palavras-chave: concretização, abundância, tesouro, satisfação, presente, luxo, oportunidade, contrato, realização de desejos.

Descrição: em uma cômoda dourada de estilo romântico, cercada por paredes cor-de-rosa que evocam sonhos, um pequeno baú está aberto, transbordando pedras preciosas e joias. De seu interior, uma luz forte reforça o valor desse tesouro. O espelho que reflete o baú destaca ainda mais a sua abundância. A atmosfera da carta exala riqueza.

Significado geral: esta carta está associada à abundância, prosperidade e riqueza. Seja em aspectos materiais ou imateriais, ela traz um sentimento de plenitude, realização de desejos e sucesso. Refere-se a algo de grande valor.

Ela pode representar um presente, uma oportunidade promissora ou o sucesso na carreira e nos negócios.

Se a carta estiver **invertida**, anuncia insucesso, dificuldades em alcançar estabilidade financeira e negócios desfavoráveis. Também pode indicar falta de entusiasmo, pessimismo, dificuldades em definir objetivos e falta de energia para realizar desejos.

Profissional: *Presente de Pedras Preciosas* revela uma fase favorável, em que o consulente alcançará seus objetivos plenamente. Pode haver uma progressão na carreira, com aumento salarial. Também pode indicar que o consulente terá a chance de receber um prêmio ou uma proposta vantajosa.

Se estiver **invertida**, sugere que o consulente pode se sentir desanimado, pouco otimista e com pouca energia e criatividade para alcançar o sucesso. É fundamental que ele busque motivação e pense com clareza para sair da situação em que se encontra.

Financeiro: esta carta favorece os negócios. O consulente pode receber um prêmio em dinheiro ou uma entrada extra de recursos. Ele está vivendo uma fase que permite uma vida confortável e sem preocupações financeiras.

Quando **invertida**, anuncia que seu sucesso nos negócios está atrasado e novas estratégias precisam ser traçadas. O consulente precisa se fortalecer internamente para encontrar motivação para superar qualquer obstáculo.

Amor: *Presente de Pedras Preciosas* revela um relacionamento que vive uma fase estável e feliz. Caso a união ainda não tenha sido oficializada, esta carta indica que isso pode ocorrer agora. Também sugere que interesses e negócios em comum poderão surgir, e, devido à harmonia do casal, terão um desfecho muito favorável.

Se o consulente estiver solteiro, a carta demonstra que uma pessoa interessada em ter um relacionamento poderá oferecer um presente ou começar a investir nele.

Quando **invertida**, revela que o consulente pode se sentir desanimado quanto à sua vida amorosa – mal-amado, desmotivado e com poucas expectativas de ser feliz no amor.

Saúde: vitalidade e recuperação rápida.

Características pessoais: uma pessoa notável, ambiciosa, generosa e com uma vida luxuosa.

Polaridade: positiva.

Combinações

Presente de Pedras Preciosas é uma carta positiva em sua essência. Pode representar um presente, a realização de um desejo ou a materialização de algo. Dependendo das cartas que a acompanham, poderá influenciar ou ser influenciada.

Proposta de interpretação: prêmio por produtividade no trabalho.

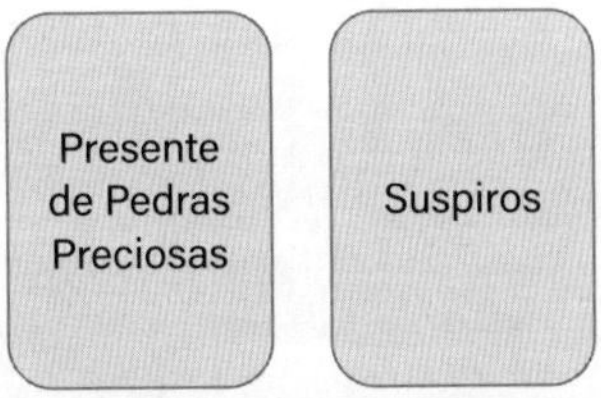

Proposta de interpretação: perda de fortuna.

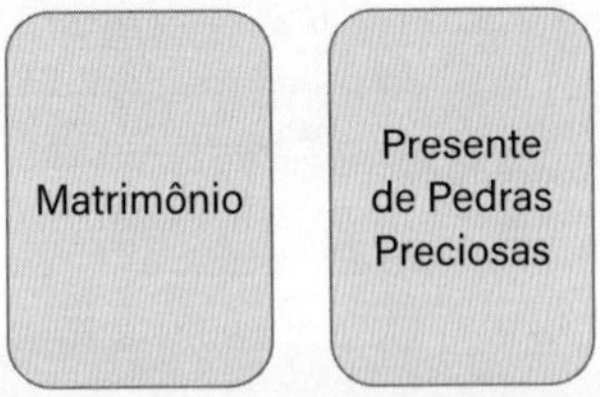

Proposta de interpretação: compra de uma joia.

4. FALSIDADE

Uma pessoa egoísta e invejosa tentará prejudicá-lo.
Ela não tem nada a oferecer – muito pelo contrário.
Não se deixe enganar.

Carta: 4 de Ouros
Números da sorte: 80 e 16
Associação planetária: Netuno

Palavras-chave: falsidade, traição, inveja, egoísmo, mentiras, intrigas, sentimento de posse, ganância, manipulação.

Descrição: um gato amarelo imponente, com um olhar fixo e ameaçador, está sentado na frente de uma despensa com alimentos guardados. A porta está aberta, revelando seu interior. Esse gato é o animal de estimação de uma família, mas seu comportamento possessivo em relação aos alimentos, bloqueando a entrada de quem tenta se aproximar, revela suas intenções egoístas e ameaçadoras.

Naturalmente, não é o animal que representa a falsidade e o egoísmo, mas a personalidade que está se manifestando.

Significado geral: esta carta remete à falsidade, a intrigas ou a alguém traiçoeiro e egoísta que pode prejudicar seriamente o consulente para atingir seus próprios objetivos. Geralmente, trata-se de uma pessoa próxima, que revela ter uma dupla personalidade, agindo de formas distintas conforme lhe convém, para conseguir o que quer. A carta ao lado indicará em que situação essa energia se manifestará.

Falsidade também pode sugerir que algo está sendo feito fora da lei, como falsificação, plágio, notícias falsas ou atividades no mercado clandestino.

Se estiver associada a um grupo de pessoas, indica que elas podem estar criando intrigas sobre o consulente.

Quando **invertida**, seu significado muda, revelando que, finalmente, mentiras e tramas serão descobertas, beneficiando o consulente. Ele pode obter informações úteis que podem ser aproveitadas no futuro.

Profissional: a carta adverte que o consulente deve ter muito cuidado com as pessoas ao seu redor, pois algo pode estar sendo planejado para prejudicá-lo. Adotar uma postura irrepreensível, discreta, mas vigilante, fará toda a diferença. É importante ter cuidado ao assinar documentos e contratos.

Se estiver **invertida**, sugere que uma mentira pode ser descoberta, e o consulente pode obter informações valiosas para o futuro.

Financeiro: esta carta traz um alerta sobre negócios, pessoas que podem fazer falsas promessas, documentos falsos e maus investimentos. Alguém próximo pode tentar se aproveitar do consulente.

Quando **invertida**, prevê uma fase de sucesso, negócios bem-sucedidos e uma oportunidade de recuperação, estabilização e aumento de poder econômico.

Amor: a carta sugere um relacionamento em que há infidelidade e mentiras. Ela mostra que um dos parceiros tem motivos ocultos para se manter na relação.

Se o consulente estiver solteiro, a carta indica que alguém com um ou mais relacionamentos amorosos pode se aproximar. As intenções dessa pessoa não são claras – ela pode ter um interesse econômico ou apenas querer um envolvimento físico.

Quando **invertida**, a carta revela que o consulente descobrirá mentiras sobre a pessoa de quem gosta. A verdade virá à tona e causará uma grande decepção.

Saúde: problemas cardíacos e respiratórios.

Características pessoais: pessoa falsa e egoísta, com dupla personalidade.

Polaridade: negativa

Combinações

Falsidade é negativa e revela mentiras, enganos e falsas aparências. Embora seja uma carta subordinada, exerce grande influência sobre as cartas ao seu redor, distorcendo seus significados e trazendo a energia da falsidade e da mentira.

Proposta de interpretação: uma cilada está sendo preparada.

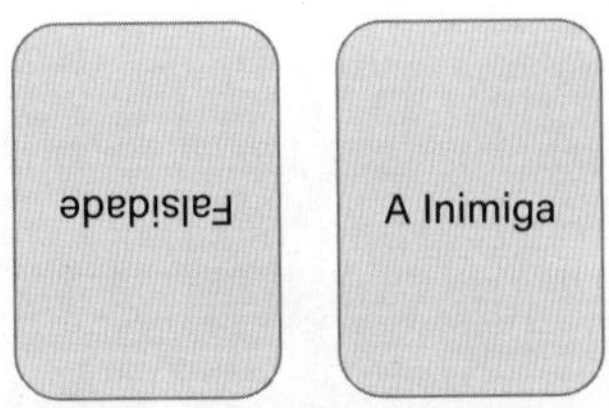

Proposta de interpretação: descoberta de uma mentira relacionada a uma mulher desconhecida.

Proposta de interpretação: contrato com ganhos ilegais.

5. MELANCOLIA

Você pode passar por uma fase de dor e tristeza causadas por uma ruptura ou perda. É fundamental curar as feridas do passado.

Carta: 5 de Ouros
Números da sorte: 86 e 35
Associação planetária: Netuno

Palavras-chave: perda, dor, sofrimento, tristeza, decepção, viver no passado arraigado, melancolia, pessimismo.

Descrição: uma senhora vestida de preto chora desoladamente perto de um túmulo. Toda a energia é de pesar e de dor. O preto de suas roupas representa um estado de espírito de luto pela perda de alguém querido. O céu escuro transmite a energia da noite e da solidão. Duas velas sobre a lápide e uma jarra com lírios-brancos conectam esta carta à espiritualidade. Ao redor, o campo verdejante simboliza a esperança de um futuro melhor. Ao contrário da carta 3 de Espadas, o cenário não parece ser um cemitério – por isso, o ambiente é mais leve.

Significado geral: esta carta tem uma forte conotação negativa. Está relacionada à dor, ao sofrimento, à aflição e à perda de algo ou alguém querido – não necessariamente pela morte. Pode se referir a uma pessoa ou a um animal de estimação. Preconiza o final de um ciclo que pode ser doloroso e prolongado. As cartas à sua esquerda revelam o motivo do sofrimento.

Esta carta também pode indicar que o consulente vive ligado ao passado, o que traz dor, sofrimento e sentimentos de culpa. Como já mencionado, as cartas à esquerda da *Melancolia* indicam os motivos que levaram ao sentimento atual.

O estado de pessimismo em que o consulente se encontra não permite que ele veja o lado positivo da vida. É essencial que ele se concentre no presente e construa seu futuro com gratidão.

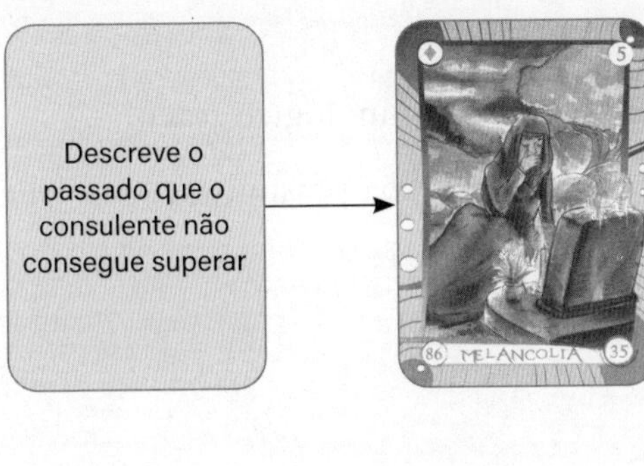

A carta **invertida** tem o mesmo significado, mas indica que o período nebuloso em que o consulente se encontra poderá ser mais duradouro.

Profissional: a carta sugere que o consulente se sente desmotivado e triste quanto a essa área. Ele pode estar desempregado. É importante que ele se liberte de sentimentos de culpa relacionados ao passado e busque elevar sua autoestima e autoimagem.

Se a carta estiver **invertida,** indica que o período de desânimo e inércia em relação à área profissional pode ser mais duradouro.

Financeiro: esta carta revela uma má gestão financeira no passado. O consulente pode ter consciência e se lamentar por suas más escolhas, mas não se sente pronto para reverter a situação. Sua situação econômica é delicada e exige uma gestão eficiente.

A carta **invertida** prevê dificuldades financeiras que podem se prolongar caso o consulente não mude suas atitudes.

Amor: a carta sugere que um relacionamento pode passar por uma ruptura, levando o consulente a se lamentar e se apegar a momentos felizes do passado. Há sentimentos de culpa, atitudes não perdoadas e nostalgia.

Se o consulente estiver solteiro, pode estar se sentindo emocionalmente conectado a alguém do seu passado. Ele deve aceitar o passado e curar suas feridas interiores para abrir espaço em seu coração e ser feliz outra vez.

Quando **invertida,** sugere um sofrimento profundo que se estende por um longo período. O processo de separação pode ser extremamente doloroso.

Saúde: depressão, sistema imunológico fraco.

Características pessoais: pessoa pessimista, sensível e melancólica.

Polaridade: negativa.

Combinações

Melancolia é uma carta negativa com forte componente emocional. Refere-se a um período de tristeza prolongado, relacionado à perda de algo ou alguém. A carta à sua esquerda revela os motivos da tristeza.

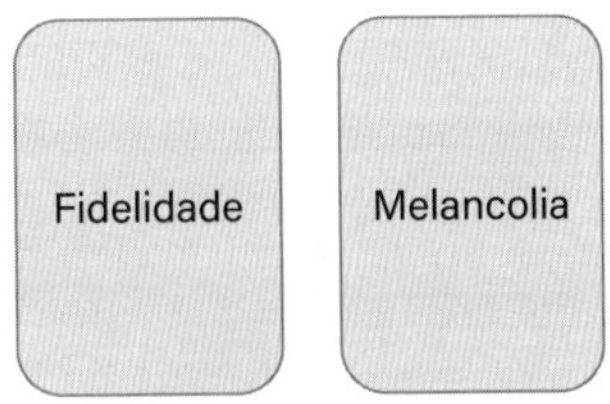

Proposta de interpretação: perda de um animal de estimação.

Proposta de interpretação: depressão.

Proposta de interpretação: sofrimento provocado por traição.

6. O PENSADOR

Este é um momento de pausa, seja para definir e projetar algo novo ou simplesmente para refletir e amadurecer um assunto importante.

Carta: 6 de Ouros
Números da sorte: 72 e 33
Associação planetária: Mercúrio

Palavras-chave: pensamentos, introspecção, reflexão, investigação, pesquisa, estratégia, inteligência, intelecto, cultura, direito, ciência, criatividade, informação, aprendizagem, estudo, reconhecimento.

Descrição: em uma casa, um homem bem-vestido está diante de uma mesa com livros e documentos. Esses elementos simbolizam conhecimento, pesquisa e estudo. A toalha violeta sobre a mesa remete à transmutação das preocupações por meio do conhecimento e da reflexão. O homem diante da mesa tem um ar de intelectual. Seu semblante revela que ele está em um processo de reflexão e análise para tomar decisões.

Significado geral: esta carta anuncia um período de pausa para refletir, analisar, pesquisar e estudar, especialmente para que o consulente possa tomar decisões conscientes no futuro. Ela sugere alguém que está se preparando para dar uma resposta ou para uma estratégia.

As cartas que acompanham O *Pensador* também podem indicar o estado mental do consulente. Se forem negativas, podem sugerir um desequilíbrio mental.

Para uma interpretação mais precisa, observe as seguintes posições:

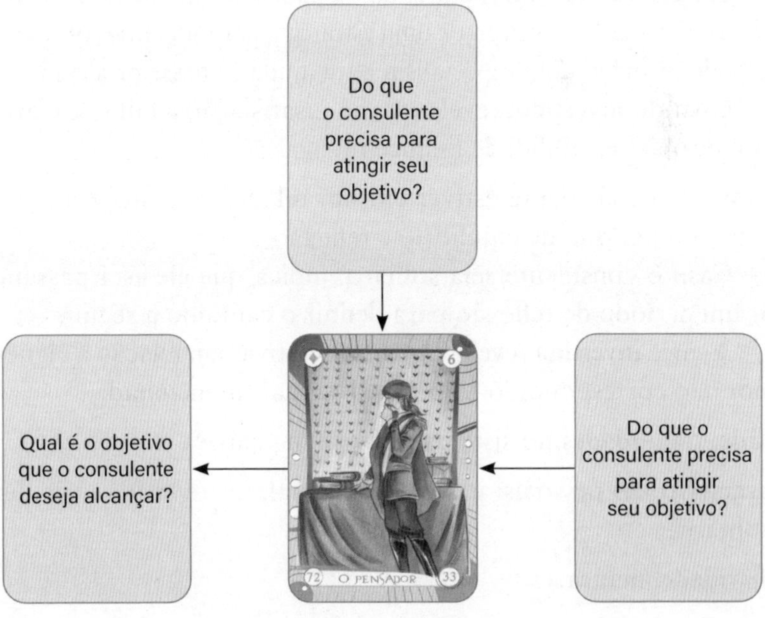

Esta carta também pode se referir a um homem, com idade entre 40 e 55 anos, com quem o consulente tem um vínculo. Pode ser um namorado, companheiro ou até mesmo alguém solteiro ou divorciado.

Se estiver **invertida**, indica que os pensamentos de uma pessoa são mal-intencionados. Ela está planejando prejudicar outros para obter vantagens a qualquer custo. Também pode sugerir que o consulente está indeciso.

Profissional: *O Pensador* traz a energia do pensamento, da pesquisa e da análise. Novos projetos podem surgir de forma estruturada e bem planejada. Também indica reconhecimento, valorização e boas surpresas, e pode também revelar a aproximação de uma pessoa competente e confiável.

Quando **invertida**, sugere que o consulente pode ter falta de clareza mental sobre um projeto ou ideia. É fundamental definir um plano eficaz e responsável para ter sucesso nessa área.

Financeiro: esta carta revela que podem surgir novos negócios e oportunidades, mas que exigem um período de reflexão e análise. Embora os negócios estejam sendo realizados com competência, a carta reforça que tudo deve ser feito de maneira cautelosa e ponderada.

Se o consulente estiver enfrentando uma situação financeira difícil, *O Pensador* sugere a criação de uma estratégia para superar o problema. Ele pode recorrer a um especialista para ajudá-lo nesse processo.

Quando **invertida**, revela que há insatisfação e falta de clareza para alcançar estabilidade financeira.

Amor: se o consulente estiver em um relacionamento, esta carta sugere um período de equilíbrio e reflexão.

Caso o consulente seja solteiro, indica que ele está passando por um período de reflexão para definir o caminho a seguir.

A carta **invertida** revela falsas expectativas em relação a alguém, amor não correspondido e uma pessoa mal-intencionada.

Saúde: fragilidades no sistema nervoso, na cabeça e no cérebro.

Características pessoais: pessoa intelectual, introvertida, calculista e solitária.

Polaridade: neutra.

Combinações

O Pensador é uma carta neutra, que se refere principalmente aos pensamentos e ao estado mental do consulente. É altamente influenciada pelas cartas ao seu redor, que podem fornecer mais detalhes sobre esses pensamentos.

Proposta de interpretação: estratégia para adquirir um imóvel.

Proposta de interpretação: confusão mental.

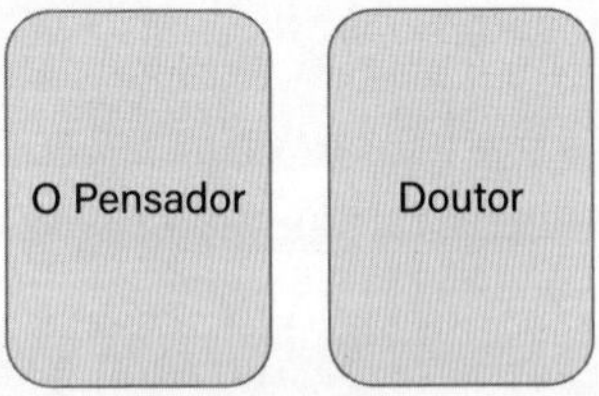

Proposta de interpretação: psiquiatra.

7. CRIANÇA

Uma nova fase ou um projeto está por vir.

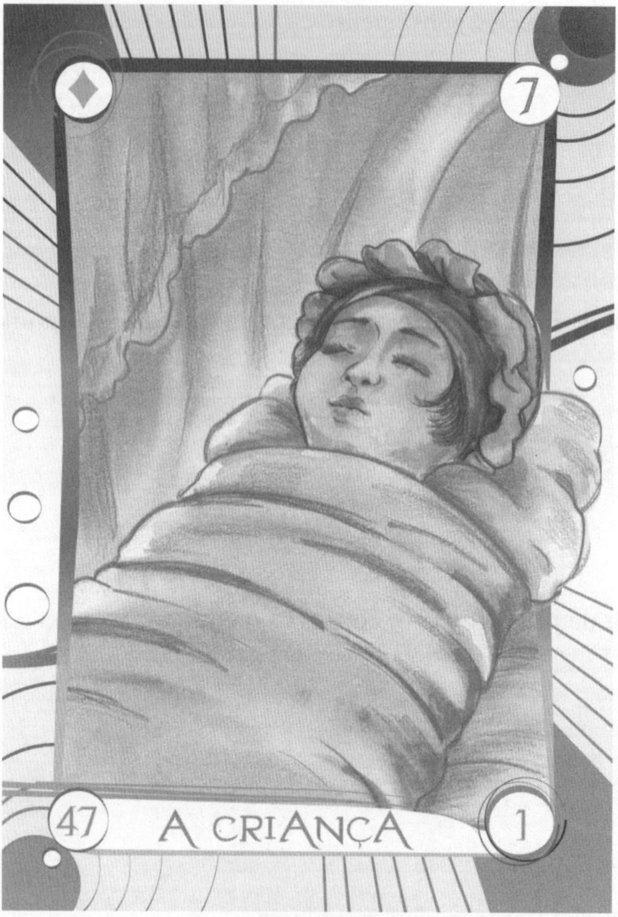

Carta: 7 de Ouros
Números da sorte: 47 e 1
Associação planetária: Mercúrio

Palavras-chave: criança, início, imaturidade, nascimento, gravidez, inocência, pequeno.

Descrição: um bebê está dormindo em um berço. Embora a cor rosa possa sugerir que se trata de uma menina, o que importa na imagem é o bebê, independentemente de seu sexo. A imagem transmite paz, amor e equilíbrio.

Significado geral: a carta representa um novo começo, novos projetos ou algo em desenvolvimento, sinalizando sonhos e boas perspectivas. Também pode sugerir inocência e imaturidade.

Além disso, *Criança* pode se referir aos filhos do consulente, e as cartas ao redor podem caracterizá-los.

Se estiver **invertida**, indica que algo que deveria ser iniciado não avançará. Podem surgir bloqueios que impedirão o progresso ou as condições necessárias ainda não estão favoráveis para esse avanço.

Profissional: *Criança* prevê o início de um novo projeto, uma nova profissão ou um negócio com boas perspectivas de sucesso. É necessário avaliar as cartas seguintes para mais informações.

Se estiver **invertida**, algo que deveria ter começado pode estar atrasado ou até mesmo estagnado. É importante revisar os detalhes para garantir que não falte estrutura.

Financeiro: esta carta está relacionada ao início de um negócio ou projeto. Ela também pode indicar investimentos financeiros em filhos ou pessoas mais jovens.

Quando **invertida**, indica que o início do investimento pode não ocorrer ou pode sofrer grandes atrasos. Também podem acontecer bloqueios financeiros.

Amor: esta carta sugere que um relacionamento passará por uma fase feliz, em que os parceiros saberão apreciar as pequenas coisas da vida. Também pode revelar uma gravidez.

Se o consulente estiver solteiro, indica a possibilidade de um novo relacionamento. As cartas seguintes podem fornecer mais detalhes sobre como o relacionamento se desenvolverá.

Quando **invertida,** sinaliza que um relacionamento pode ter um começo difícil e trazer obstáculos para o consulente, que já teve seu passado marcado por decepções.

Saúde: gravidez ou vitalidade.

Características pessoais: pessoa imatura, que apresenta um comportamento infantil.

Polaridade: neutra.

Combinações

Criança é uma carta neutra, influenciável pelas cartas que a acompanham. Pode representar uma criança, um animal de estimação, o início de algo novo ou até mesmo a inocência.

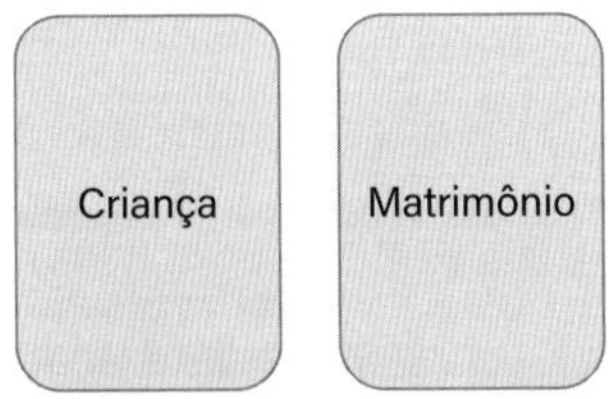

Proposta de interpretação: início de um trabalho.

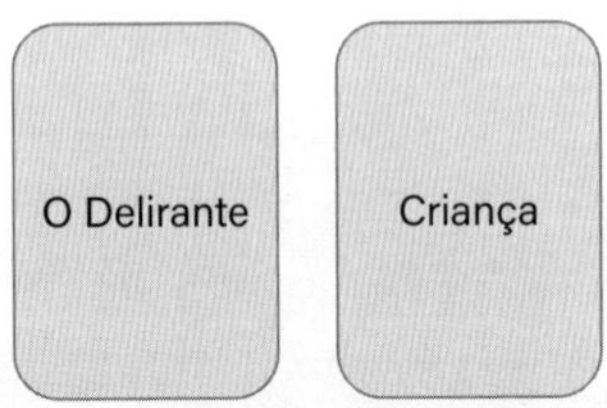

Proposta de interpretação: uma criança com indícios de algum transtorno mental.

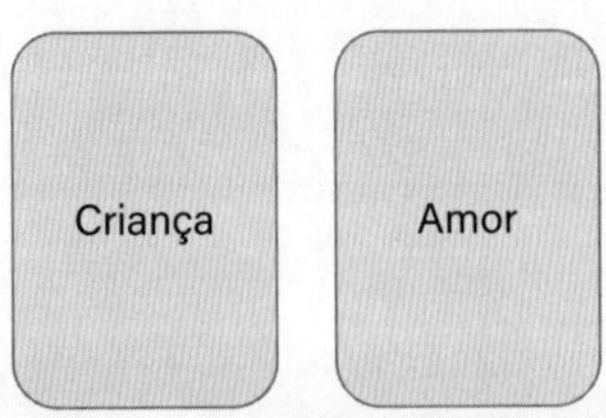

Proposta de interpretação: início de um relacionamento amoroso.

8. EMPREGADA DOMÉSTICA

Com esforço, dedicação e versatilidade,
você conseguirá superar qualquer
obstáculo e alcançar seus objetivos.

Carta: 8 de Ouros
Números da sorte: 53 e 21
Associação luminar: Lua

Palavras-chave: esforço, dedicação, expressão multifacetada, trabalho, confiança, honestidade, ajuda, progresso, cotidiano.

Descrição: uma mulher vestida de forma humilde está no interior de uma casa. Ela usa uma capa e carrega uma cesta com produtos de mercearia, sugerindo que foi às compras e está voltando. Seu olhar, voltado para baixo, transparece humildade e doçura, mostrando que sua principal preocupação são os seus afazeres.

Significado geral: *Empregada Doméstica* pode representar uma mulher com quem o consulente lida diariamente, mas não é sua namorada ou esposa. Pode ser alguém do seu meio profissional, uma empregada doméstica, vizinha ou amiga. Essa pessoa é prestativa e está disponível para ajudar o consulente no que for necessário.

Esta carta também pode estar relacionada a uma situação, sugerindo que o consulente deve usar todo o seu esforço, a sua criatividade e a sua versatilidade para concretizar algo. Com essa postura, ele será bem-sucedido.

Se estiver **invertida**, representa uma mulher próxima do consulente que é intrometida, manipuladora e perigosa, determinada a avançar a qualquer custo. Ela conhece suas fragilidades e pode criar problemas para ele. Caso a carta **invertida** represente uma situação, sugere que o consulente não acredita em seu próprio potencial e, ao mesmo tempo, não está se esforçando para alcançar seus objetivos.

Profissional: a carta indica que o consulente tem uma expressão multifacetada e é esforçado, características que podem ajudá-lo a alcançar seus objetivos.

Também pode representar uma pessoa próxima, disponível e competente, com quem o consulente pode contar.

Quando **invertida**, *Empregada Doméstica* sugere que o consulente está com baixa autoestima e dificuldade para concretizar seus projetos. Esta carta também pode representar alguém que tende a se envolver em intrigas, fofocas e conflitos – portanto, o consulente deve ter cuidado.

Financeiro: a carta sugere uma fase de crescimento por meio de esforço, dedicação e versatilidade. Seu comportamento humilde e trabalhador permitirá que o consulente alcance estabilidade financeira. Pode surgir uma pessoa de confiança, com quem ele formará uma parceria para negócios ou projetos.

A carta **invertida** indica que o consulente pode se sentir desorientado e enfrentar dificuldades para concretizar seus objetivos financeiros. É importante que ele tenha cautela com parcerias de negócios, pois pode estar lidando com alguém que pretende se aproveitar dele.

Amor: em um relacionamento, a carta revela uma fase positiva, de cooperação, harmonia, muita compreensão e amizade.

Se o consulente estiver solteiro, *Empregada Doméstica* indica que ele poderá se aproximar de uma pessoa com boas intenções e humildade, dando início a um relacionamento.

Caso esteja **invertida**, sugere que está acontecendo um forte desequilíbrio no relacionamento. O parceiro do consulente pode tentar se aproveitar de sua boa vontade, fazendo com que ele adote uma postura submissa. Isso pode resultar em dificuldades de comunicação e falta de harmonia.

Saúde: necessidade de praticar exercícios físicos.

Características pessoais: pessoa versátil, disponível, esforçada e que costuma ser generosa.

Polaridade: positiva.

Combinações

A carta *Empregada Doméstica* é positiva, geralmente representando uma pessoa trabalhadora, esforçada e disponível para ajudar. As cartas ao seu redor podem fornecer detalhes sobre a ação dessa pessoa ou características de sua personalidade.

Proposta de interpretação: uma amiga que ajuda em um momento de necessidade.

Proposta de interpretação: mulher trabalhadora, mas que tende a fazer seu trabalho de forma superficial e desatenta (*Leveza*).

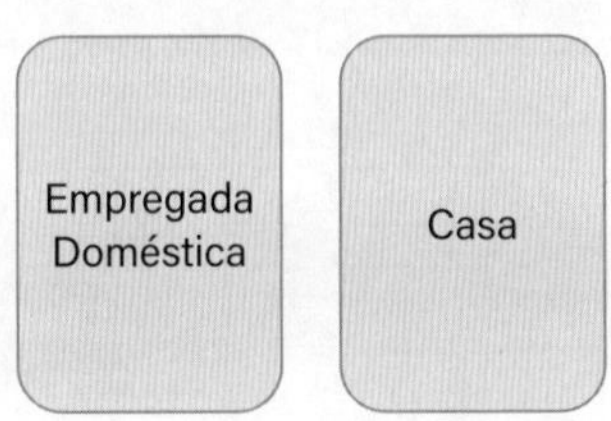

Proposta de interpretação: empregada doméstica (*Casa*).

9. O DELIRANTE

Um período de desgaste e instabilidade emocional pode levar a más decisões. Escolha cuidadosamente as pessoas que quer em sua vida e seja ponderado em suas escolhas.

Carta: 9 de Ouros
Números da sorte: 85 e 43
Associação planetária: Netuno

Palavras-chave: desorientação, vícios, loucura, más companhias, confusão, mal-entendidos, contrariedades, irresponsabilidade, perda de controle, expectativas irreais, descuido.

Descrição: em um ambiente desorganizado e desconfortável, um homem é carregado por dois outros. É madrugada, e os elementos no cenário sugerem uma noite intensa, repleta de excessos. Em sua mão esquerda, o homem segura uma garrafa de vinho, que simboliza o vício no álcool, representando os vícios que degradam a vida de alguém sem respeito por si mesmo. Sua cabeça baixa e a dependência de outras pessoas revelam vulnerabilidade e desorientação.

Significado geral: *O Delirante* tem uma forte carga negativa, contaminando as cartas ao seu redor. Pode representar uma pessoa profundamente desorientada, com falta de discernimento e comportamento vitimista, que precisa de apoio para encontrar estabilidade. Ela não age de forma ponderada e tem dificuldade em avaliar racionalmente as situações. A instabilidade emocional prejudica sua clareza de pensamento. Essa pessoa pode ter expectativas irreais em relação ao futuro, apostando em projetos que são inviáveis, levando em consideração suas habilidades atuais. Além disso, ela tende a se cercar de pessoas que contribuem para essa desorientação, sendo más companhias.

Por sua associação com vícios, esta carta pode também indicar consumo de álcool ou drogas.

Se associada a acontecimentos, a carta pode indicar algo que trará forte instabilidade emocional, levando o consulente a adotar comportamentos que ele mesmo não reconhecerá. Manter a calma será essencial para tomar as decisões certas.

Com a carta **invertida**, as características negativas se intensificam, indicando que o consulente está sendo conduzido para uma situação de completa desestabilização. Ele precisa de apoio sério e efetivo urgentemente, pois pode continuar a tomar decisões equivocadas e perigosas.

Profissional: a carta sugere que o consulente está vivendo uma fase de grande desorientação. Ele pode se sentir frustrado e instável, o que pode ter sérias consequências nessa área da vida. Seu estado emocional não permite que ele cumpra todas as suas obrigações.

Se **invertida**, indica que as más escolhas e os erros podem ter uma dimensão ainda maior, com chances de comprometer gravemente a área profissional do consulente. Além disso, ele pode se sentir completamente desorientado e distante da realidade.

Financeiro: *O Delirante* sugere uma fase de instabilidade e falta de discernimento na tomada de decisões, além de dificuldades na gestão financeira. O consulente precisa de aconselhamento e deve evitar contrair dívidas.

Com a carta **invertida**, a desorientação se intensifica e pode se tornar perigosa. Pode haver gastos desnecessários, despesas para sustentar vícios e sérias dificuldades no cumprimento de obrigações.

Amor: em um relacionamento, a carta indica uma fase de grande desorientação devido à quebra de confiança, a ciúmes, à violência e a discussões, gerando uma enorme instabilidade.

Caso o consulente esteja solteiro, sugere que sua estrutura emocional está fortemente abalada por acontecimentos do passado. É possível que ele adote comportamentos levianos para preencher o enorme vazio que sente.

A carta **invertida** indica uma descompensação completa da estrutura emocional. O consulente pode se sentir desorientado e triste, parecendo estar à beira da loucura.

Saúde: depressão, comportamentos psicóticos.

Características pessoais: pessoa emocionalmente instável, com comportamento bipolar e dependência de álcool ou drogas.

Polaridade: negativa.

Combinações

O Delirante é uma carta negativa, que representa confusão mental, instabilidade emocional e expectativas pouco realistas, influenciando as cartas ao seu redor.

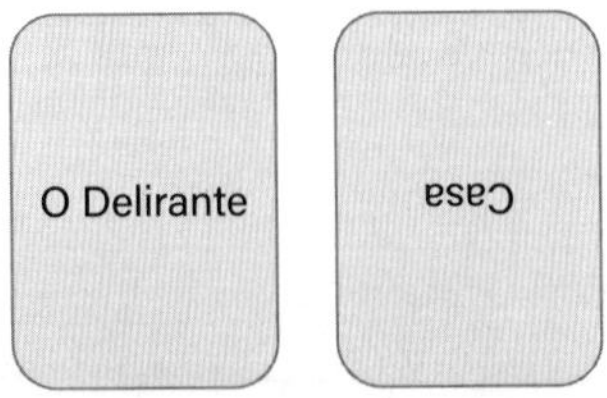

Proposta de interpretação: uma forte instabilidade mental e emocional desestrutura uma família (*Casa* invertida).

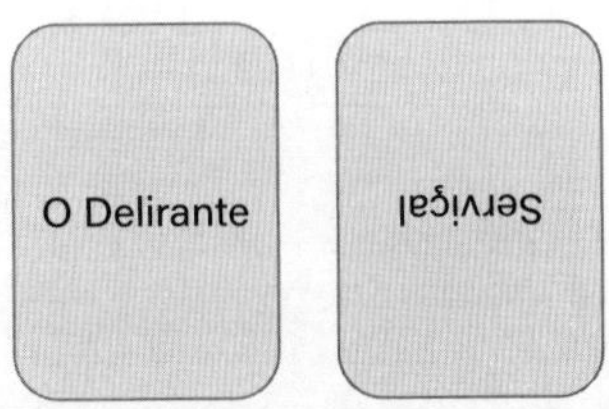

Proposta de interpretação: jovem dependente de drogas.

Proposta de interpretação: o agravamento do estado de saúde leva a delírios.

10. O LADRÃO

Alguém que conhece bem seus
passos deseja algo que é seu.
Seja esperto e se proteja
para evitar desilusões.

Carta: 10 de Ouros
Números da sorte: 68 e 29
Associação planetária: Marte

Palavras-chave: ladrão, inimigo, perda, roubo, perigo, ingratidão.

Descrição: um homem vestido de preto e com a boca coberta entra sorrateiramente por uma janela. Trata-se de um ladrão cuidadoso, que planejou tudo nos mínimos detalhes. Ele não quer ser visto e deseja evitar confrontos com os moradores da casa. Ao lado da janela, há um baú contendo objetos de valor. O ladrão escolheu essa janela cuidadosamente, com a intenção de entrar e sair o mais rápido possível.

Significado geral: a carta *O Ladrão* representa alguém que deseja roubar algo do consulente. Essa pessoa pode agir de forma dissimulada para não ser percebida, mas o fato de não ser vista não impedirá que o roubo aconteça. Também pode se referir a alguém próximo, que tenta se aproveitar do consulente, o forçando a fazer negócios que não são de seu interesse. Sempre haverá alguma perda.

Para uma interpretação mais completa, é necessário analisar as cartas ao redor, que revelam a pessoa responsável pelo roubo.

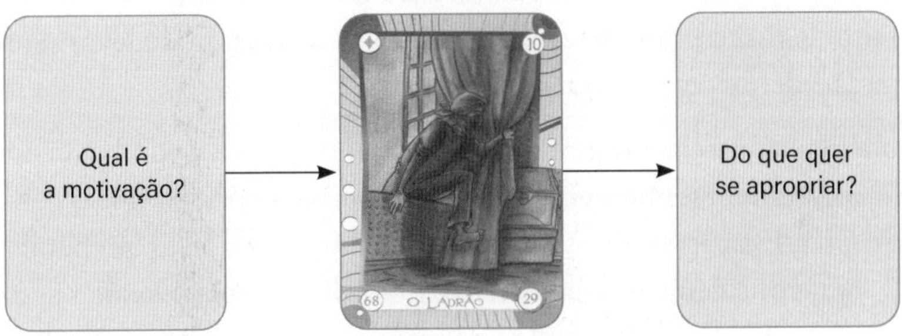

Se a carta anterior à *O Ladrão* for de personagem, revelará a pessoa responsável pelo roubo.

No campo espiritual, esta carta pode indicar alguém que está drenando a energia do consulente, o deixando esgotado e exausto em sua presença.

Se a carta estiver **invertida**, as características negativas se intensificam. Ela representa uma pessoa mal-intencionada que deseja roubar algo importante para o consulente, o colocando em uma posição de fragilidade. Essa pessoa sentirá prazer em ver o sofrimento causado.

Profissional: a carta indica que o consulente será prejudicado por alguém próximo, que deseja ter algo que lhe pertence. Essa pessoa é calculista e planejará cada detalhe do golpe. O consulente pode perder seu trabalho, ser transferido ou perder oportunidades de negócios, tendo sua reputação afetada.

Se **invertida**, sugere que o consulente passará por uma situação de grande fragilidade. A pessoa que deseja prejudicá-lo sentirá prazer em ver seu sofrimento.

Financeiro: *O Ladrão* indica que o consulente pode sofrer perdas financeiras, ser roubado ou se envolver em negócios ilegais que trarão danos significativos. Uma pessoa com quem o consulente tem contato direto está envolvida nesse golpe, e ela já tem um plano bem definido.

Também pode haver desacordos na resolução de questões financeiras.

A carta **invertida** prevê perdas financeiras ainda mais graves, pois sugere que alguém tentará tomar algo que pertence ao consulente. A falta de discernimento em sua gestão financeira pode levar a uma situação de extrema fragilidade.

Amor: em um relacionamento, a carta indica que pode haver uma traição. Alguém tentará conquistar o coração da pessoa que o consulente ama. Essa aproximação será cuidadosa e pode levar à separação.

Se o consulente estiver solteiro, *O Ladrão* revela que uma pessoa com intenções egoístas pode se aproximar com o objetivo de um envolvimento puramente físico.

A carta **invertida** sugere uma separação, causada por uma terceira pessoa que trará um grande sofrimento para o consulente.

Saúde: fragilidade no estômago e nos intestinos. Necessidade de fortalecer o sistema imunológico com vitaminas.

Características pessoais: pessoa calculista, aproveitadora e dissimulada.

Polaridade: negativa.

Combinações

O Ladrão é uma carta negativa, que indica roubo ou ganho ilícito. As cartas à sua esquerda representam a motivação, enquanto as à direita indicam o objetivo do roubo.

Proposta de interpretação: uma pessoa apaixonada (*Amor*) quer roubar o coração de uma mulher (*Mulher Casada*).

Proposta de interpretação: uma pessoa deseja se apropriar de um negócio que não lhe pertence (*Dinheiro* + *Matrimônio*).

Proposta de interpretação: sonhos roubados (*O Ladrão* + *Grande Consolação*) causam uma grande tristeza (*Tristeza*).

11. MENSAGEIRO

Em breve, você receberá uma mensagem importante.

Carta: 11 de Ouros
Números da sorte: 71 e 19
Associação planetária: Mercúrio

Palavras-chave: notícia, mensagem oficial, documento, contrato, desfecho positivo, comunicação, informação.

Descrição: um homem vestido com uniforme de carteiro está fazendo a entrega de uma carta lacrada. Sua vestimenta cuidadosa sugere a importância e o caráter oficial da mensagem. Atrás dele, se vê uma cidade onde ele provavelmente já cumpriu seu dever, e agora se dirige ao próximo local de entrega.

Significado geral: a carta *Mensageiro* anuncia a chegada de uma notícia, um documento escrito ou uma encomenda de maior importância, em comparação com *A Carta*, que é mais informal. A comunicação assume um tom mais sério. A pessoa que traz a notícia não é responsável pelo seu conteúdo e não tem qualquer envolvimento com ele.

Geralmente, as notícias são positivas, já que a carta pertence ao naipe de Ouros. Para uma interpretação mais completa, é importante analisar as cartas que acompanham *Mensageiro*.

Se *Mensageiro* estiver **invertida**, sugere que a carta ou encomenda esperada pode ser extraviada ou até mesmo não enviada.

Profissional: indica que o consulente receberá uma carta ou encomenda importante, que pode trazer boas notícias. No entanto, devido à natureza neutra desta carta, é fundamental analisar as que estão ao redor para compreender o conteúdo e os possíveis efeitos do que foi recebido.

Se estiver **invertida**, significa que essa entrega pode ser extraviada ou trazer más notícias.

Financeiro: *Mensageiro* revela a chegada de um documento importante relacionado à área financeira.

Quando **invertida**, sugere que um documento pode ser extraviado ou que o consulente receberá uma multa ou um algum tipo de aviso de pagamento.

Amor: em um relacionamento, indica a formalização de algo por escrito.

Se o consulente estiver solteiro, pode ocorrer uma troca de mensagens mais formal, não tão íntima.

Quando **invertida**, adverte que mal-entendidos podem ocorrer.

Saúde: necessidade de realizar exames médicos.

Características pessoais: uma pessoa que valoriza a liberdade, com uma forma de pensar muito própria e vanguardista.

Polaridade: neutra.

Combinações

Mensageiro é uma carta neutra que anuncia a chegada de uma mensagem importante, entregue por um intermediário. A carta à sua esquerda indica a quem a notícia se destina, enquanto a carta à direita revela o conteúdo ou a origem dessa mensagem.

Proposta de interpretação: chegada de uma carta da autoridade tributária (*Sacerdote* + *Dinheiro*).

Proposta de interpretação: chegada de um contrato para ser assinado.

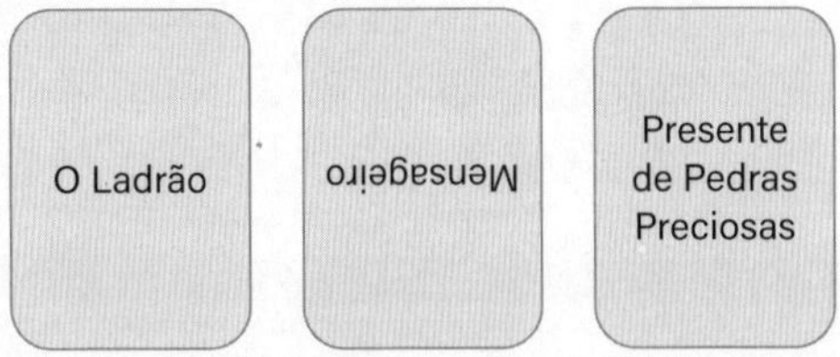

Proposta de interpretação: extravio de uma encomenda.

12. MULHER CASADA

Uma mulher de confiança, com uma energia maternal,
pode ser um grande apoio para você.
Confie em sua amizade.

Carta: 12 de Ouros
Números da sorte: 3 e 51
Associação luminar: Lua

Palavras-chave: maternal, apoio, generosidade, entrega, ajuda na concretização de projetos, conforto, paz.

Descrição: em uma sala cuidadosamente decorada, diversos elementos transmitem conforto – como o papel de parede, a lareira, um tapete redondo e uma jarra com flores. No centro, uma mulher com uma postura prestativa e generosa parece estar lendo para outras duas pessoas, que escutam atentamente.

Significado geral: a carta *Mulher Casada* representa uma mulher responsável, provavelmente casada ou em um relacionamento sério, em geral com mais de 30 anos. Ela é prestativa, generosa e maternal, cuida de tudo ao seu redor e oferece apoio e bons conselhos. Essa mulher também pode ser uma empresária.

Quando **invertida**, pode indicar uma mulher divorciada, separada ou viúva, que é fria, calculista e tem dificuldade em dar e receber amor. Em alguns casos, pode representar uma mulher que, ao ajudar os outros, acaba criando problemas para si mesma. Se estiver acompanhada de cartas negativas, *Mulher Casada* pode indicar uma mulher mal-intencionada, que dá conselhos prejudiciais e usa sua sabedoria para criar obstáculos para os outros.

Profissional: a carta sugere um ambiente de trabalho positivo, em que há honestidade e cooperação. Também pode indicar uma mulher generosa e confiável que pode ajudar o consulente.

Se **invertida**, revela que uma mulher mal-intencionada pode causar problemas para o consulente. Ele deve evitar seguir seus conselhos e ser discreto ao compartilhar informações.

Financeiro: *Mulher Casada* demonstra que negócios e contratos estão favorecidos e acontecem de forma fluida. O consulente pode contar com a ajuda de uma mulher de confiança.

Com a carta **invertida**, recomenda-se que o consulente tenha muito cuidado com uma mulher que não é confiável. Todos os negócios e contratos devem ser tratados com cautela.

Amor: em um relacionamento, se o consulente for homem, a carta pode representar sua parceira, que é solidária, generosa e confiável. Se for mulher, se refere a ela, com as mesmas características.

Caso o consulente esteja solteiro, pode indicar uma mulher com quem ele se relacionará ou, se for mulher, pode se referir a ela mesma.

Quando **invertida**, pode representar as mesmas pessoas, mas com características opostas, indicando alguém em quem não se pode confiar.

Saúde: fragilidades nos órgãos femininos.

Características pessoais: pessoa generosa, maternal, solícita e que costuma ser confiável.

Polaridade: neutra.

Combinações

A carta *Mulher Casada* é neutra e representa uma mulher, geralmente casada ou em um relacionamento estável. Embora tenha uma energia maternal, ela também pode ocupar cargos de responsabilidade, incluindo posições de liderança. As cartas ao redor fornecem detalhes sobre sua personalidade ou o impacto de suas ações.

Proposta de interpretação: mulher leal.

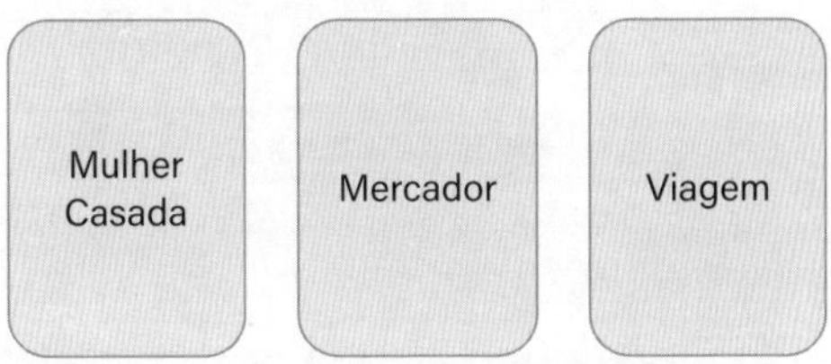

Proposta de interpretação: negócio (*Mercador*) de uma mulher (*Mulher Casada*) com uma empresa estrangeira (*Viagem*).

Proposta de interpretação: mulher mentirosa e manipuladora.

13. MERCADOR

Novos negócios podem surgir em breve.
Gerencie-os de forma eficaz para alcançar o sucesso.

Carta: 13 de Ouros
Números da sorte: 79 e 12
Associação planetária: Júpiter

Palavras-chave: negócios, trocas comerciais, acordo, contrato, novos contatos, gestão eficaz, patrimônio, prosperidade, investimentos.

Descrição: um homem se encontra sentado sobre caixas e mercadorias, e parece aguardar a chegada de alguém próximo ao mar ou rio. Um navio distante sugere que esse é um local de trocas comerciais e transporte de mercadorias. Com um papel na mão direita e o queixo apoiado na mão esquerda, em uma posição de descanso, o homem parece alternar entre momentos de repouso e de análise de documentos.

Significado geral: a carta *Mercador* simboliza negócios, transações comerciais e movimentações financeiras, indicando um bom desempenho na gestão financeira. Além disso, pode representar um homem de negócios ou uma pessoa influente e inteligente, capaz de trazer boas realizações à sua vida.

Se **invertida**, pode se referir a um homem pouco confiável, que usa sua esperteza e sabedoria para tirar vantagem dos outros, sem se importar em prejudicá-los.

Profissional: *Mercador* indica sucesso, especialmente se o consulente estiver focado em negócios. Também pode representar um chefe influente e inteligente, que pode ajudar o consulente a crescer e progredir em sua carreira.

Se estiver **invertida**, a carta aconselha o consulente a ter cuidado com um chefe que pode colocar obstáculos em seu caminho. Essa pessoa é inteligente e poderosa, e usa essas qualidades para prejudicar os outros, buscando vantagens para si.

Financeiro: esta carta indica que é um bom momento para negócios e contratos, com expectativa de grandes retornos financeiros. Pode surgir a oportunidade de realizar um ou mais acordos com um homem de confiança.

Quando **invertida**, adverte que o consulente deve gerenciar suas finanças com cautela, especialmente no que diz respeito a parcerias comerciais.

Amor: em um relacionamento, esta carta indica que pode surgir uma oportunidade de negócio em comum.

Caso o consulente esteja solteiro, sugere que ele pode se encantar por uma pessoa influente e financeiramente estável.

Quando **invertida**, revela que a principal motivação do relacionamento é financeira.

Saúde: queda de cabelo.

Características pessoais: pessoa ambiciosa, inteligente e versátil.

Polaridade: neutra.

Combinações

Mercador é uma carta neutra, que pode representar uma pessoa envolvida em negócios, como um comerciante, negociador, chefe ou proprietário de uma empresa. De maneira alegórica, simboliza o trabalho, o comércio, o mercado e os negócios.

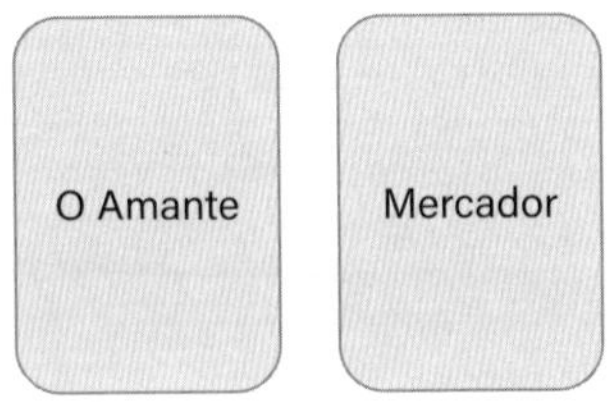

Proposta de interpretação: relacionamento amoroso com um homem de negócios.

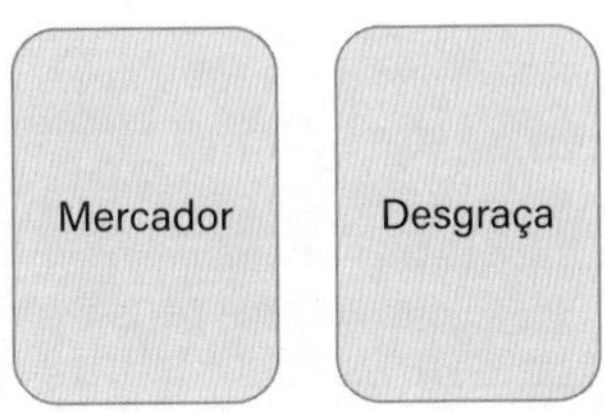

Proposta de interpretação: negócio fracassado.

Proposta de interpretação: negócio próspero (*Matrimônio* + *Fortuna*).

A Prática

Quando chegar a esta fase, você provavelmente já terá estudado todas as cartas e compreendido a estrutura do baralho, incluindo sua divisão em quatro naipes e a forma como cada um deles influencia diretamente a energia das cartas.

É fundamental entender que a complexidade de um lançamento não está necessariamente ligada à qualidade da leitura. Por isso, você deve concentrar sua atenção e seu estudo nos lançamentos mais simples, que fornecem respostas mais diretas. Somente após se sentir totalmente seguro em suas interpretações, deve avançar para os lançamentos de maior complexidade.

Neste baralho, a decisão de incluir ou não cartas invertidas nas leituras é especialmente importante. Caso opte por utilizá-las, é necessário definir um método claro para isso. Se decidir não usá-las, certifique-se de posicionar as cartas corretamente antes de iniciar a tiragem.

Caso decida usar cartas invertidas, sugiro seguir um dos dois procedimentos a seguir:

- Sempre que terminar uma leitura, coloque todas as cartas do seu lado direito. Ao iniciar uma nova leitura, retire um pequeno conjunto de cartas do baralho, inverta-as e embaralhe todas as cartas juntas. Assim, as cartas invertidas e as em posição normal serão misturadas.
- Coloque o baralho sobre a mesa, misture com uma das mãos e depois junte as cartas novamente.

Independentemente da opção escolhida, é importante embaralhar as cartas pelo menos nove vezes. No entanto, mais do que seguir um procedimento rígido, crie seu próprio ritual ao embaralhar. À medida que sua conexão com o baralho se aprofundar, o procedimento se tornará simples e você saberá o momento certo de parar de embaralhar.

Outra decisão a ser tomada é definir como as cartas serão selecionadas e se o baralho será ou não partido. Essas escolhas devem ser feitas com antecedência.

Após embaralhar as cartas, você pode dispô-las em leque e selecionar o número de cartas necessário para o lançamento ou pedir que o consulente escolha. Também é possível tirar as cartas por cima ou por baixo do baralho. O mais importante é que você se sinta confortável com o método e que se torne parte do seu ritual. Não há certo ou errado.

Agora que você já conhece os procedimentos iniciais para a sua prática, sugiro alguns passos importantes para o sucesso nas suas leituras:

- Formule sua pergunta corretamente. Parece simples, mas muitos cometem erros nessa etapa. Uma pergunta vaga leva a uma resposta confusa. Dedique um tempo para estruturar suas questões de forma clara.
- Escolha o lançamento adequado para cada tipo de pergunta. Um lançamento com um número maior de cartas nem sempre é o ideal. Quanto mais direta for a pergunta, menos cartas provavelmente serão necessárias. Por exemplo, se você quer saber se vai viajar para um destino específico, um lançamento com três cartas pode ser o suficiente. Mas se você quer saber como será essa viagem, um lançamento com sete ou até mesmo um pequeno tabuleiro de nove cartas pode ser o mais indicado.
- Quando as cartas estiverem sobre a mesa, observe bem as imagens, as cores, os espaços, as figuras, a direção do olhar e as mãos das personagens.
- Observe se há algum naipe que se repete e use essas informações na leitura.
- Lembre-se de que as cartas dominantes influenciam as cartas subordinadas.

- Identifique o consulente e os personagens presentes no jogo.
- Faça as cartas interagirem umas com as outras, combinando-as.
- Dedique o tempo necessário para a interpretação da leitura. Não tenha pressa.

Métodos de Tiragens

Carta do Dia

Para aprender a trabalhar com o baralho, uma sugestão simples é tirar uma carta no início de cada dia, pedindo um conselho ou uma mensagem sobre o que o dia trará. À noite, reflita sobre onde e como essa energia se manifestou.

Neste livro, o início da descrição de cada carta apresenta uma frase que ajudará a guiar sua interpretação.

Exemplo:

A chave para resolver uma questão importante é conversar com as pessoas certas. Em um ambiente íntimo, o apoio, a amizade e a troca de ideias são essenciais para encontrar a melhor solução.

Três Cartas

O lançamento de três cartas é um dos mais simples, mas é altamente eficaz. Ele permite aprofundar um tema e esclarecer dúvidas por meio de múltiplas leituras dentro de uma mesma pergunta.

Normalmente, as três cartas representam passado, presente e futuro. Porém, também podem descrever uma situação em evolução, esclarecer algo, revelar as intenções de uma pessoa em relação à outra, entre outras possibilidades.

As cartas são dispostas sobre a mesa conforme a numeração abaixo. Vale ressaltar que, neste lançamento, por ocupar a posição central, a segunda carta é o "coração" da leitura – a mais importante para descrever a situação.

Exemplo: João quer saber se conseguirá comprar o apartamento de que gostou.

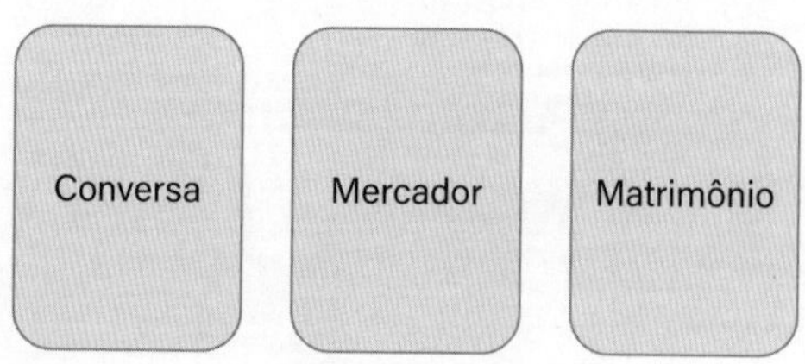

Proposta de interpretação

Nesta série de três cartas, não há um naipe predominante, já que são todos diferentes. Temos duas cartas subordinadas (*Conversa* + *Mercador*) e uma dominante (*Matrimônio*). Isso indica que, para que o contrato – representado pela carta dominante – se concretize, será necessário um processo de negociação financeira (*Mercador*).

Analisando o "coração" da leitura, a carta *Mercador* atribui o sucesso do negócio a João, é a figura central. A combinação das cartas *Conversa* e *Mercador* sugere que o processo de negociação já foi iniciado, e a carta *Matrimônio* consagra a concretização positiva do negócio.

Cinco cartas

O lançamento de cinco cartas adiciona mais detalhes ao lançamento de três cartas, mas também pode ser usado para responder a perguntas simples e diretas.

A carta 3 é o "coração" dessa leitura. Primeiramente, interpretam-se as cartas 1, 2 e 3 juntas, seguidas das cartas 3, 4 e 5. Por fim, as cartas 1 e 5 devem ser analisadas em conjunto.

Exemplo: Sílvia tem um novo projeto profissional e quer saber se terá sucesso.

Proposta de interpretação

Neste conjunto de cinco cartas, há três do naipe de Paus, uma de Espadas e uma de Copas. O naipe de Paus é predominante, o que indica que o lançamento se refere a um evento importante, com potencial para expandir a carreira de Sílvia, exigindo dela energia, força, empenho e criatividade.

A primeira carta, *Sacerdote*, revela dificuldades passadas relacionadas a esse projeto. Alguns processos burocráticos, como contratos, podem ter bloqueado seu desenvolvimento, já que o personagem da carta *Sacerdote* está virado para o futuro, como se estivesse impedindo o progresso. No entanto, a carta *Grande Senhor*, que encara o *Sacerdote*, vem acompanhada por *Orgulho*, lhe conferindo força. Isso significa que um homem poderoso desbloqueou o processo, resolvendo as questões burocráticas.

A carta *Orgulho* representa a recompensa por um trabalho árduo, e, neste caso, indica que o projeto será muito bem-sucedido. Além de combinar com as três cartas anteriores, ela é também a carta central desse lançamento, fornecendo a resposta à pergunta.

Em seguida, interpretamos a carta *Orgulho* em combinação com *Serviçal*, concluindo que alguém ajudará na execução do projeto. Representada pela carta *Serviçal*, essa pessoa é confiável, humilde e trabalhadora. A carta *Leveza* impulsionará o projeto, o fazendo avançar.

Por fim, ao combinar as cartas *Sacerdote* e *Leveza*, podemos concluir que o projeto envolve pessoas estrangeiras e ultrapassa fronteiras. Como *Leveza* suaviza o impacto das cartas ao seu redor, ela pode minimizar o impacto negativo de *Sacerdote*, indicando que o bloqueio burocrático será resolvido com facilidade.

Settenaria

A *Settenaria* é um dos lançamentos mais populares do baralho Vera Sibilla, sendo realizada com sete cartas. Esta tiragem pode ser usada para responder a perguntas diretas e revelar detalhes sobre um acontecimento. A estratégia de leitura é baseada na realização de várias combinações consecutivas. As cartas são dispostas sobre a mesa conforme a seguinte numeração:

Significados de cada posição

4: O "coração" da leitura, que descreve o momento presente.

1, 4, 7: Como um lançamento de 3 cartas: passado (1), presente (4), projeção do futuro, que pode indicar o resultado (7).

1, 7: Abertura e conclusão; resposta. As cartas intermediárias fornecem os detalhes do processo.

2, 6: Detalhes do processo, que podem revelar mais informações.

3, 5: Contextualizam o "coração" da leitura, mostrando como o processo está se desenrolando no presente.

Por fim, realiza-se a leitura combinando as cartas duas a duas: 1-2; 2-3; 3-4; 4-5; 5-6; 6-7

Exemplo: Mariana está em um relacionamento amoroso com Miguel e deseja saber o que ele sente por ela.

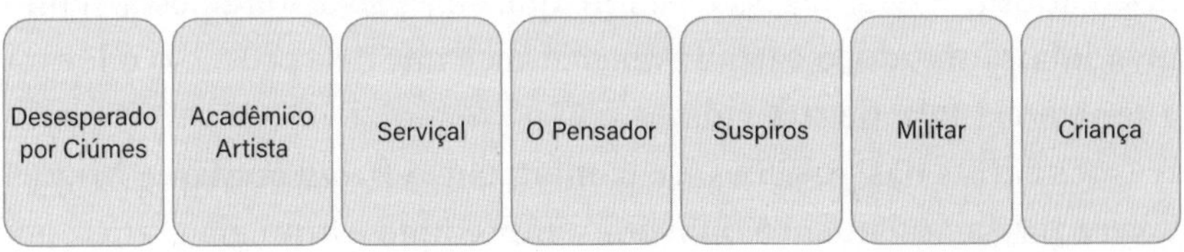

Proposta de interpretação

Ao observar as cartas, vemos que o naipe que predomina é o de Espadas, um naipe dominante. Isso sugere que os sentimentos de Miguel por Mariana estão mais ligados ao sofrimento do que ao amor genuíno. Apesar de ser um lançamento sobre sentimentos, há apenas uma carta do naipe de Copas. Além disso, há um contraste significativo entre o número de cartas ligadas à razão e à emoção. *O Pensador*, no "coração" da leitura, indica que o elemento mental é predominante no relacionamento.

A carta *Serviçal* descreve Miguel como um jovem adulto, simples e honesto, mas que está confuso em relação a seus pensamentos. A carta O *Pensador*, no "coração" da leitura, indica que ele pode não estar totalmente certo sobre o que sente. Pode ter momentos de ausência, em que reflete sobre seus próprios sentimentos.

Analisando as cartas 1, 4 e 7, vemos que há dúvidas sobre o relacionamento e momentos de grande instabilidade emocional (*Desesperado por Ciúmes*). No entanto, tudo indica que o autocontrole (*O Pensador*) permitirá que ele siga em frente com a relação (*Criança*), embora suas motivações possam não ser puramente amorosas.

As cartas ao redor do "coração" da leitura detalham os pensamentos que ocupam a mente de Miguel. *Serviçal* o representa, revelando a importância desse assunto para ele. *Suspiros* traz ansiedade e uma sensação de perda. A posição das cartas sugere que Miguel sente falta da vida que levava antes, como se a mulher da carta estivesse voltada para esse passado. Além disso, há a sensação de perda da liberdade, da vida simples, mas feliz, e dos momentos consigo mesmo.

A carta *Militar* sugere que o caminho a seguir pode trazer dificuldades, exigindo, portanto, disciplina e foco. Será uma jornada desafiadora, e Miguel pode sentir que sua privacidade está sendo invadida. Contudo, a carta *Criança* indica que esse processo o levará a uma nova fase de sua vida.

As cartas nas posições 2 e 6 enfatizam a frieza com que Miguel viverá o relacionamento. Haverá sempre uma estratégia clara, com um período de reflexão, representado pela carta *Acadêmico Artista*, para manter a estabilidade do relacionamento e permitir que ele lute contra a ausência de sentimentos, simbolizada pela carta *Militar*.

Já as cartas nas posições 1 e 7 indicam que a instabilidade emocional e a dúvida estão presentes desde o início da relação (*Desesperado por Ciúmes*). Apesar das incertezas, a carta *Criança* indica que Miguel decidirá dar uma chance ao relacionamento. A carta *Desesperado por Ciúmes* também pode sugerir um relacionamento traumático no passado, fazendo com que a estabilidade que o relacionamento pode proporcionar se sobreponha à necessidade de se sentir apaixonado.

Em resumo, por meio da leitura, podemos concluir que os sentimentos de Miguel por Mariana não são baseados no amor, mas ele opta por seguir no relacionamento por outras razões. A relação representa uma perda clara de liberdade, tanto pela saudade da vida que Miguel deixou para trás quanto pelo medo de perder sua privacidade. Embora esse cenário não o agrade completamente, ele acaba aceitando.

Tabuleiro de nove cartas

Este lançamento é ideal para analisar temas ou responder a perguntas diretas. É um dos meus favoritos, pois permite explorar um tema com grande detalhe.

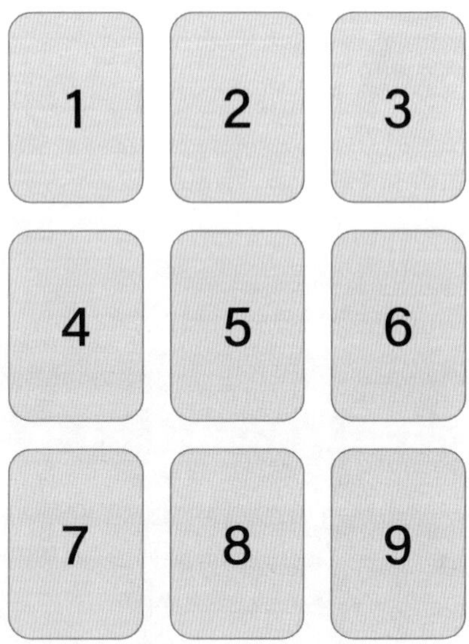

Significados das posições:

1, 4, 7: Passado

2, 5, 8: Presente

3, 6, 9: Futuro

5: "Coração" da leitura; representa a energia principal e a resposta.

4, 2, 6 (Leitura do diamante): Questão de base, profunda e interna.

1, 3, 7, 9: Revelam o que é perceptível do exterior em relação à questão principal.

A leitura também pode ser feita em linha, com o objetivo de completar a interpretação e confirmar as informações anteriores. Assim, as cartas são lidas em sequência: 1, 2 e 3; 4, 5 e 6; 7, 8 e 9.

Outra técnica importante de leitura é o *salto de cavalo*, que auxilia na compreensão dos detalhes de cada carta. Inspirada no movimento do cavalo no xadrez, essa técnica permite conectar cartas não adjacentes, oferecendo uma interpretação mais clara e precisa.

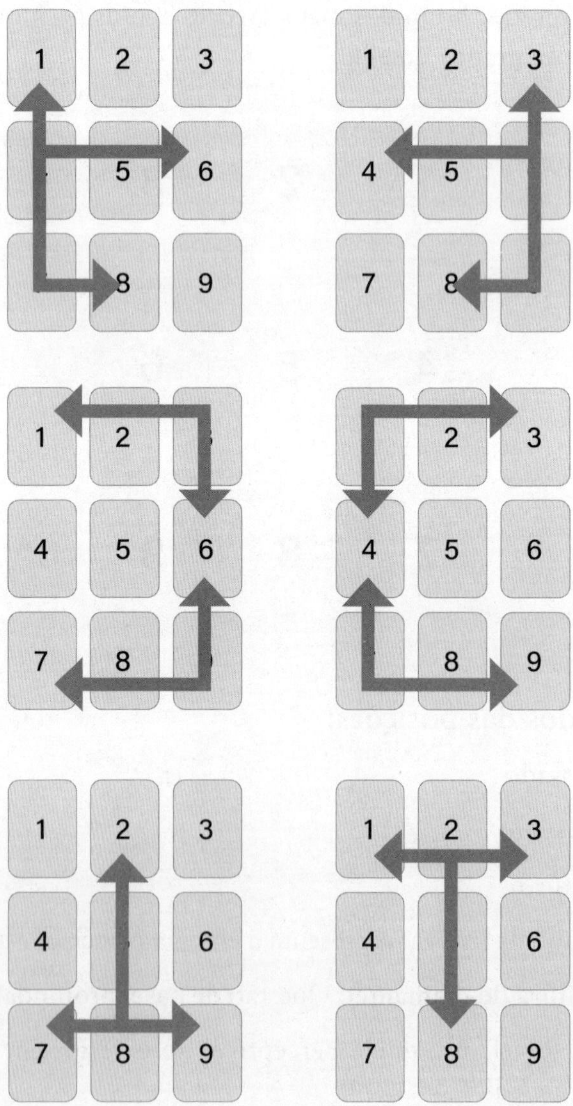

Exemplo: Cristina deseja saber como seu relacionamento com João evoluirá.

Proposta de interpretação

Começamos analisando os naipes e vemos que o naipe de Ouros prevalece, embora de forma pouco significativa, já que há apenas uma carta a mais em comparação com os naipes de Copas, Espadas e Paus. Isso nos leva a concluir que, nesse relacionamento, há um equilíbrio entre razão e emoção. Existem momentos desafiadores, mas há também um esforço para criar estabilidade.

A carta central, *Mulher Casada*, representa Cristina, uma mulher estável, madura, maternal e cuidadora. Ela é a figura principal da leitura, o que indica que Cristina é a força que mantém esse relacionamento estável. Também percebemos que, provavelmente, ela trata João com um cuidado quase maternal, como se fosse um filho.

As cartas relacionadas ao passado revelam que Cristina recebeu uma mensagem de João (*Mensageiro*) por meio de uma amiga (*Amiga*), informando que, por algum motivo, ele iria se afastar (*Morte*).

Ao fazer um *salto de cavalo* com a carta *Falsidade*, notamos que parece haver mentiras envolvidas nessa mensagem. Além disso, um *salto de cavalo* com a carta *Velha Senhora* revela a influência de uma mulher mais velha, com mais de 60 anos, que não aprova o relacionamento e está tentando influenciá-lo de forma negativa.

Um *salto de cavalo* com a carta *Casa* indica que, no presente, essa mulher continua exercendo sua influência. Sua presença é difícil de ser afastada, pois ela faz parte da família. Cristina tem plena consciência dessa influência e pensa frequentemente nessa mulher (*O Pensador*), refletindo a importância que ela tem para a situação. Para garantir a estabilidade do relacionamento, Cristina precisará conquistar a confiança dessa mulher, que tem crenças e valores profundamente enraizados.

O relacionamento se tornará mais estável no futuro, e há indícios de que Cristina e João podem se casar em breve (*Casa* + *Alegria*). Haverá momentos de felicidade, mas a falsidade e a mentira estarão sempre presentes (*Falsidade*), o que sugere que, se Cristina não tivesse se esforçado tanto para manter o relacionamento, talvez o desfecho não fosse tão positivo.

É importante notar que João não aparece no lançamento, o que pode sugerir que suas motivações para manter o relacionamento não estejam fundamentadas no amor.

Ao realizar a *leitura do diamante*, que revela informações sobre a questão mais profunda e interna da leitura, encontramos as cartas: *Morte* + *O Pensador* + *Falsidade*. Essa combinação reforça que o fim do relacionamento (*Morte*) é uma possibilidade real, conhecida por todos os envolvidos, mas não é expressa abertamente (*O Pensador*). Com essa consciência, cada um assume um papel, como se estivesse interpretando um personagem, na tentativa de criar estabilidade para o futuro desse relacionamento.

A imagem externa desse relacionamento é de perfeição. Eles parecem felizes (*Alegria*), têm a aprovação da família e dos amigos (*Casa* + *Amiga*), e há informações favoráveis sobre a relação circulando (*Mensageiro*).

Ao realizar a leitura por linhas, as cartas nas posições 1, 2 e 3 indicam uma reflexão clara (*O Pensador*) sobre as informações (*Mensageiro*) que circulam entre a família (*Casa*). A carta *O Pensador* revela que Cristina pondera cuidadosamente antes de falar ou tomar decisões, o que demonstra maturidade.

As cartas 4, 5 e 6 mostram que Cristina (*Mulher Casada*) se encontra em uma posição desconfortável, sendo forçada a lidar com informações que sugerem um fim iminente. Ela precisa enfrentar essa situação com sabedoria, especialmente porque há pessoas que não são transparentes com ela (*Falsidade*) e não aprovam seu relacionamento com João.

As cartas 7, 8 e 9 demonstram que a influência de terceiros continua a impactar o relacionamento, tanto de maneira positiva (*Amiga*) quanto negativa (*Velha Senhora*). Essas pessoas estarão presentes nos momentos felizes da relação (*Alegria*).

Conclusão: Cristina e João terão um relacionamento estável no futuro, com a possibilidade de se casarem ou de morarem juntos em breve. No entanto, há uma mulher na família que não aprova a relação, pois ela não está alinhada às suas crenças. Essa pessoa pode tentar interferir de várias formas, mas não conseguirá separá-los.

O amor de Cristina por João é muito intenso, e ela parece disposta a fazer o que for preciso para manter o relacionamento, lidando com as informações que tem com grande sabedoria. Seu papel na relação é maternal e cuidadoso, o que pode gerar certo desequilíbrio.

Há dúvidas quanto ao real desejo de João de seguir nesse relacionamento, mas tudo indica que ele permanecerá. Para o mundo ao redor, eles aparentam ter um relacionamento romântico e harmonioso, mas, em seus corações e pensamentos, a realidade pode ser diferente.

Tabuleiro de treze cartas

Este método é indicado tanto para a análise de temas específicos quanto para uma leitura geral. No caso de uma leitura geral, os temas que se destacarem serão os mais relevantes para o consulente no momento presente.

Neste lançamento, o primeiro passo é selecionar a carta que representa o consulente ou a pessoa sobre a qual a consulta será realizada. A escolha da carta leva em conta idade e gênero:

- *Mulher Jovem*, se for uma mulher jovem.
- *Mulher Casada*, se for uma mulher madura.
- *O Amante*, se for um homem jovem.
- *O Inimigo*, se for um homem maduro.
- *Criança*, se for uma criança.

É importante destacar que essas cartas não têm significado próprio. Elas atuam apenas como personagens dentro da leitura.

Após escolher a carta de personagem, ela é reinserida no baralho, que é então embaralhado. Em seguida, as cartas são divididas em quatro montes, sempre viradas para cima, permitindo ao leitor identificar em qual monte a carta de personagem se encontra.

Assim, teremos quatro montes de treze cartas cada.

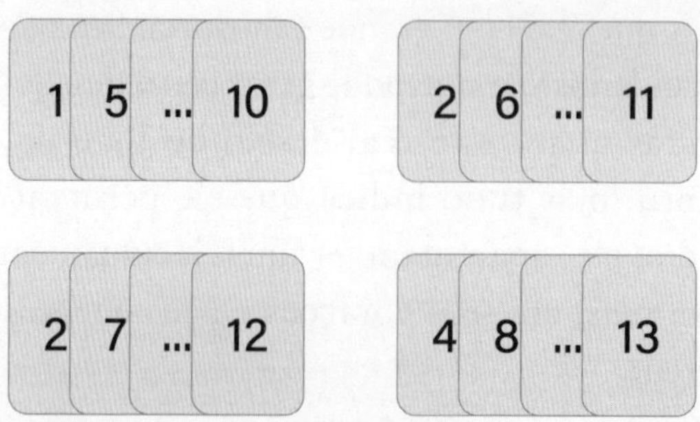

O monte contendo a carta de personagem deverá ser escolhido para o lançamento. Depois disso, as cartas são dispostas na mesa de cima para baixo, de modo que a última carta colocada no monte se torne a primeira do lançamento.

O esquema do lançamento é o seguinte:

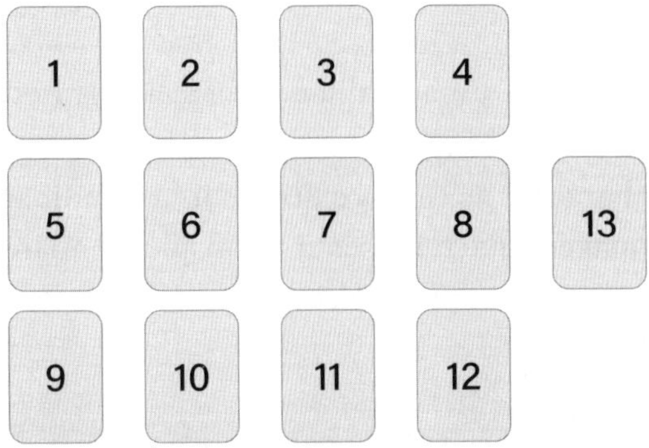

Com as cartas organizadas sobre a mesa, a leitura deve considerar os seguintes aspectos:

- O naipe predominante deve ser identificado.
- A coluna com a carta de personagem representa o presente, enquanto as colunas à esquerda refletem acontecimentos passados e as colunas à direita indicam o futuro.
- Quanto mais alta é a posição da carta de personagem, maior é o controle que a pessoa representada tem sobre a situação.
- A carta posicionada acima da carta de personagem revela seus pensamentos.
- É importante identificar outros personagens que possam surgir na leitura.
- A carta número 13 é a "chave" do lançamento, representando a energia geral. Por isso, é fundamental analisar se a temática principal tem uma conotação positiva ou negativa.
- As cartas nas posições 6 e 7 representam a energia central da leitura e complementam a interpretação da carta 13.
- As cartas 1, 4, 9 e 12 revelam a forma como o tema é visto do exterior.
- É possível, e recomendado, utilizar o método do *salto de cavalo*, conforme explicado anteriormente, para esclarecer questões que surgirem durante a leitura.

Exemplo: Cristina deseja analisar a evolução de seu relacionamento com João.

Como Cristina é uma mulher jovem, a carta escolhida para representá-la é *Jovem Mulher*.

Após embaralhar as cartas e distribuí-las em quatro montes, a carta de personagem que representa a consulente aparece no quarto monte, que, portanto, será o utilizado na leitura.

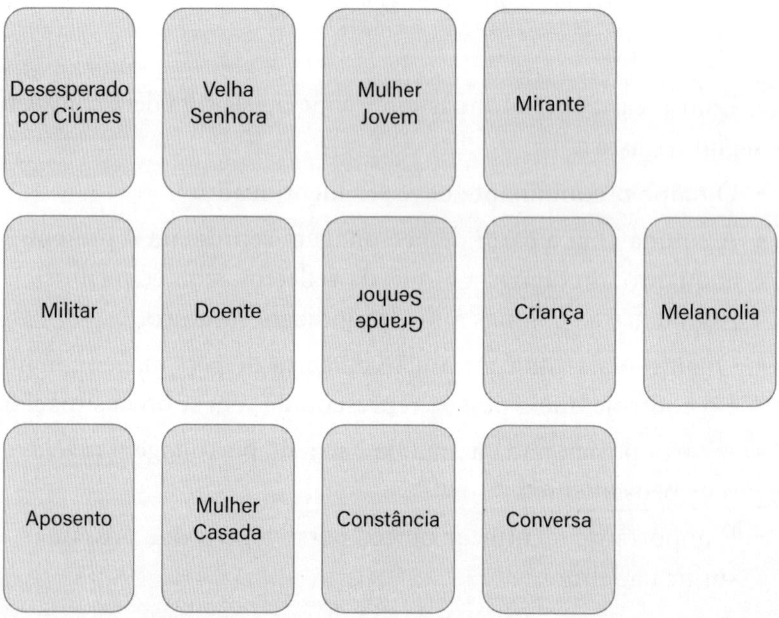

Proposta de interpretação

Ao analisar os naipes, nota-se um grande equilíbrio entre Espadas, Ouros e Copas, pois há quatro cartas de cada. O único naipe com apenas uma carta é Paus, justamente a carta de personagem, que não tem relevância para a análise. Isso indica uma sinergia entre amor (Copas), dor (Espadas) e busca por estabilidade (Ouros). A ausência de cartas do naipe de Paus sugere que não há uma paixão intensa no relacionamento, mas sim companheirismo.

Outro aspecto interessante na análise dos naipes é a distribuição das cartas de Espadas. Elas aparecem na coluna relacionada ao passado, indicando um período anterior marcado por sofrimento, que parece estar se tornando mais leve. Nas cartas relacionadas a presente e futuro, predominam os naipes de Copas e Ouros, sugerindo uma busca por estabilidade no amor.

Cristina aparece na primeira linha do esquema, o que sugere que, neste momento, ela tem domínio sobre a relação. João, por sua vez, é representado pela carta *Grande Senhor* invertida. Além disso, há outros quatro personagens influenciando esse relacionamento: a mãe (*Mulher Casada*), a sogra (*Velha Senhora*), um filho (*Criança*) e uma pessoa do passado que pode causar problemas ao casal (*Militar*).

As cartas que não ocupam as posições 11, 12 ou 13 podem ou não representar personagens. No entanto, com base na análise deste lançamento, tudo indica que, neste caso, elas de fato representam.

Melancolia, que ocupa a posição 13, revela que o relacionamento tem sido marcado por dor há bastante tempo. As cartas relacionadas ao presente e ao futuro apontam para uma superação gradual.

As cartas 6 e 7 indicam que João é provavelmente o principal responsável pelo sofrimento na relação (*Doente* + *Grande Senhor* invertido). Ele contribuiu para o desgaste do relacionamento ao assumir uma postura de vítima, manipulando a situação e fazendo com que Cristina se tornasse refém de seus problemas. Ao mesmo tempo, sua atitude se mostrou arrogante e inflexível (*Grande Senhor* invertido).

Em um passado mais distante, o relacionamento foi marcado por grande instabilidade emocional e ciúmes (*Desesperado por Ciúmes*), desencadeados por desconfianças de Cristina (*Desesperado por Ciúmes* + *Aposento*) sobre o possível retorno de alguém do passado de João (*Militar*). Como essa carta está na mesma linha daquela que representa João, isso indica que se trata de alguém do passado dele, e não de Cristina. Além disso, essa pessoa parece ser um homem com quem João já teve uma relação amorosa e encontros sexuais mantidos em segredo (*Aposento*).

Dando continuidade à leitura, observamos que duas mulheres – a mãe e a sogra de Cristina – tiveram uma relação difícil (*Doente*), o que prejudicou o relacionamento do casal. A mãe de Cristina aparece como uma figura maternal e carinhosa (*Mulher Casada*), enquanto a sogra se mostra mais tradicional e controladora, inclinada a interferir mais do que a apoiar.

No presente, Cristina e João (*Mulher Jovem* + *Grande Senhor* invertido) estão se esforçando para superar as dificuldades (*Constância*), buscando se reconstruir como casal. No entanto, o comportamento egocêntrico de João pode gerar novos problemas no futuro.

O futuro aponta para uma evolução favorável no relacionamento. Cristina aguardará ansiosamente (*Mirante*) por uma conversa importante (*Conversa*), possivelmente sobre um desejo antigo, que pode estar relacionado ao planejamento de uma gravidez (*Criança*).

As cartas que representam a percepção externa do relacionamento (*Desesperado por Ciúmes* + *Mirante* + *Aposento* + *Conversa*) sugerem que há um certo mistério em torno do casal. Os conflitos acontecem a portas fechadas e não são visíveis para os outros (*Aposento* + *Conversa*). Ainda que algumas pessoas percebam indícios de instabilidade (*Desesperado por Ciúmes*), elas não têm uma noção real da situação. O casal pode ser visto como reservado.

O *salto de cavalo* pode trazer esclarecimentos adicionais, embora não possa ser aplicado à carta na posição 13. Ao iniciar esse procedimento, a carta *Constância* revela o que é mais esperado nesse relacionamento (*Mirante*): superar os obstáculos e, enfim, alcançar a paz. No entanto, ao realizar um *salto de cavalo* com a carta *Mirante*, ela também se conecta à carta *Doente*, evidenciando o medo de retornar a um relacionamento marcado por dor e sofrimento.

A gravidez parece ser um desejo tanto de Cristina quanto das avós (*Velha Senhora* + *Mulher Casada*), como indicado pelo salto de cavalo com a carta *Criança*, que se conecta a essas duas cartas.

A comunicação (*Conversa*) é um dos desafios do relacionamento de Cristina e João. O *salto de cavalo* sugere que Cristina é quem costuma iniciar os diálogos, mas, muitas vezes, suas tentativas não são construtivas, podendo se tornar repetitivas (*Doente*) e reforçar inseguranças e angústias.

No *salto de cavalo*, a carta *Velha Senhora* se conecta às cartas *Aposento* e *Constância*. Isso revela que a sogra de Cristina (*Velha Senhora*) é uma mulher dissimulada (*Aposento*), que, ao mesmo tempo que ajuda o casal a superar suas dificuldades (*Constância*), também se intromete no relacionamento. Ela exerce uma forte influência sobre a relação (*Constância*).

Embora o *salto de cavalo* seja uma excelente técnica para aprofundar as leituras, esses exemplos já oferecem uma visão completa da dinâmica do relacionamento. Você pode usar essa técnica para aprofundar a análise, mas não é necessário explorar todas as possibilidades.

Em síntese, o relacionamento de João e Cristina enfrentou momentos difíceis no passado, e há diversas influências externas que o tornam mais complexo do que uma relação apenas entre os dois. Ainda que os maiores desafios relacionados à desconfiança pareçam estar sendo superados, as marcas do passado podem nunca desaparecer por completo – e, com este lançamento, não é possível afirmar se serão totalmente deixadas para trás.

Uma gravidez pode vir a ser considerada em breve; contudo, não é uma certeza. Esse é um desejo não só de Cristina, mas também das avós. No entanto, João provavelmente ainda não está preparado para esse passo. Além disso, ele tem um longo caminho de autoconhecimento e crescimento pessoal a percorrer antes de poder viver um relacionamento verdadeiramente estável e feliz. Embora permaneça ao lado de Cristina, João ainda não conseguiu se libertar das amarras do próprio ego, o que impacta a construção de uma relação plena e duradoura.

Por fim, use Vera Sibilla com ética e respeito

Um lançamento de cartas revela a realidade do consulente em relação a um ou vários temas, permitindo a análise do passado, a compreensão do presente e a projeção do futuro. Por isso, é essencial que o cartomante tenha sensibilidade para orientar quem o procura, muitas vezes em momentos de grande aflição, oferecendo direcionamentos que ajudem o consulente a construir o futuro desejado, sem emitir opiniões pessoais.

A leitura das cartas aponta tendências futuras com base na energia do passado e do presente, reconhecendo que são esses os pilares que moldam o que está por vir. Assim, sempre que a leitura indicar uma tendência desfavorável, cabe ao consulente promover as mudanças necessárias para assumir o protagonismo de sua vida e criar o futuro desejado.

Durante todo o processo de leitura, o cartomante deve evitar qualquer julgamento, concentrando-se em sua missão espiritual de transmitir as orientações dos guias ao consulente. A integridade, o respeito pelas crenças e escolhas individuais e o aconselhamento pautado pelo bem maior são tão essenciais em uma consulta quanto a própria técnica de leitura das cartas.

Além disso, o dever de sigilo é fundamental. Todas as informações compartilhadas durante a consulta devem ser mantidas em confidencialidade, restritas apenas ao consulente. Solicitações de leitura com a intenção de bisbilhotar a vida de terceiros não devem ser aceitas. No entanto, é natural que pessoas com uma conexão direta com o consulente apareçam na leitura – por exemplo, para analisar um relacionamento, não é possível deixar de considerar a leitura da outra pessoa envolvida.

Todo o trabalho realizado deve estar fundamentado em princípios éticos e morais, com profundo respeito pelo consulente e total alinhamento com o propósito divino.

Referências Bibliográficas

BERTOLINO, Annalisa. *La Voce delle Sibille – Guida pratica*. Annalisa Bertolino, 2024.

LOECH, Sophia. *Vera Sibilla della Zingara – The perpetuation of a tradition*. Haia: Koninklijke Bibliotheek, 2007.

MADAME SHEYLA. *L'Oracolo della Vera Sibilla – Curso completo de leitura das cartas*. Terni: Hermes Edizioni, 2011.

MADEO, Samanta. *As Cartas da Sibila e suas Combinações*. Samanta Madeo, 2018.

____. *Disposições para Cartas Vera Sibilla*. Samanta Madeo, 2018.

MURRAY, M. Jacqueline. *Gypsy Oracle Cards: A handbook for interpreting the Vera Sibilla della Zingara*. M. Jacqueline Murray, 2017.

NEGRI, Mirko. *Vera Sibillas – O que são e como lê-las*. Milão: Anima Edizioni, 2011.

PAVESI, Lucia; LUCCHINA, Anna Greco. *Como Prever o Futuro com as Cartas da Sibila*. Dublin: De Vecchi Ediciones, 2016.

PROVERSA, Carmen. *A Verdadeira Sibila de Forma Simples*. Streetlib Write, 2017.

RITO, Sofia. *Tarô Decifrado*. 2. ed. Edições Farol, 2018.

____. *Segredos do Baralho Lenormand*. 2. ed. Edições Farol, 2019.

TUAN, Laura. *Vera Sibilla Italiana*. Torino: Lo Scarabeo, 2014.

VENTURINI, Alexandra. *Cartomancia Italiana – Aprenda a Vera Sibilla Italiana*. Volume I. Alessandra Venturini, 2014.